제4차 산업혁명과
교육의 미래

제4차 산업혁명과 교육의 미래
포스트 코로나 시대의 ICT 교육

초판 1쇄 발행 2022년 1월 15일

지은이 | 사토 마나부
옮긴이 | 손우정
발행인 | 최윤서
편집장 | 김미영
디자인 | 김수경
마케팅 지원 | 최수정
펴낸 곳 | (주)교육과실천
도서문의 | 02-2264-7775
인쇄 | 031-945-6554 두성 P&L
일원화 구입처 | 031-407-6368 (주)태양서적
등록 | 2020년 2월 3일 제2020-000024호
주소 | 서울특별시 중구 창경궁로 18-1 동림비즈센터 505호
ISBN 979-11-91724-08-0 (13370)

값은 표지에 있습니다.

DAIYONJI SANGYO KAKUMEI TO KYOIKU NO MIRAI:
POST CORONA JIDAI NO ICT KYOIKU
by Manabu Sato
ⓒ 2021 by Manabu Sato
Originally published in 2021 by Iwanami Shoten, Publishers, Tokyo.
This Korean edition published 2022
By Education & Practice Co., Ltd., Seoul
by arrangement with Iwanami Shoten, Publishers, Tokyo
through Shinwon Agency Co.

사토 마나부 지음 · 손우정 옮김

제4차 산업혁명과
교육의 미래

포스트 코로나 시대의 ICT 교육

차 례

세계와 일본의 사회와 교육은 일대 전환을 이루고 있다. 다음 세 가지 변화가 근본적인 변화를 가져오고, 현재 그 변화가 가속화하고 있다.

첫 번째 변화는 코로나19 팬데믹에 따른 사회와 교육의 변화이다. 2019년 말까지 누구도 이 팬데믹을 상정한 사람은 없었다. 2020년 1월 이후 순식간에 팬데믹은 세계를 뒤덮고, 지구상의 모든 곳에서 사회를 기능부전 상태로 만들고, 4월에는 세계 아이들의 91%가 학교를 갈 수 없는 사태에 빠뜨렸다.

코로나19 팬데믹은 두 가지 패러독스를 내재하고 있다. 하나는 가장 진화가 늦은 포유류인 박쥐에 기생하며 생명체로서는 불완전한 바이러스가, 가장 진화한 인간을 덮쳤다는 것이다. 또 하나는 이 팬데믹이 가장 선진국인 미국에서 최고의 맹위를 떨치고 있다는 것이다. 이 두 가지 패러독스는 이 팬데믹이 근본적으로 인간과 자연의 부조화(산림 파괴)와 현대 자본주의의 파탄으로부터 생겨나고 있다는 것을 말한다.

두 번째 변화는 제4차 산업혁명(The Fourth Industrial Revolution, Industry 4.0)의 진행이다. 인공지능(AI, Artificial Intelligence)과 로봇, 모든 사물을 연결하는 인터넷(IoT, Internet of Things)과 빅데이터(Big Data) 등으로 대표되는 제4차 산업혁명은 산업, 사회, 경제, 문화, 교육에 근본적인 변화를 가져오고 있다. 이 산업혁명이 사람들에게 행복을 가져다줄지 불행을 가져다줄지는 미지수이다. 어찌 되었든 제4차 산업혁명에서 교육이 무대의 하나가 되고 있음에 유의할 필요가 있다.

이제 미래의 교육을 이야기할 때 ICT(Information and Communication Technology) 교육은 필수 아이템이다. 일부에서는 '미래의 교육=ICT 교육'이라는 생각이 상식이 되어 있다. 왜 이러한 'ICT 교육 신화'가 만들어지고 있는 것일까? 이 '신화'는 무엇을 이야기하고 있는 것일까? 그리고 ICT 교육이 교육의 미래에 이바지한다고 하면, 어떤 ICT 교육이 그것을 가능하게 하는 것일까? 이 책에서는 이 중요한 주제를 중심으로 논의해보고 싶다.

세 번째 사회와 교육의 변화는 경제 세계화의 보다 강력한 진행이다. 유감스럽게도 일본은 경제 세계화에 대한 대응에 실패한 국가 중 하나이다. '헤이세이' 30년간(1989~2019) 세계 196개국의 GDP는 평균 4.0배로 성장하였다. 한국은 6배, 대만도 6배, 중국은 26배나 GDP를 성장시켰다. 그러나 일본의 GDP는 1.6배밖에 성장하지 못했다. 정부의 외교·경제·사회·교육정책의 실패로 인해 일본 경제는 정체가 계속되고 있으며, 그 여파가 아이들과 젊은이들에게 악영향을 미치고 있다.

다른 한편으로, 자본주의는 이상한 형태로 전개되고 있다. 전자화폐에 의한 투자시장이 실물경제로부터 분리되어 '거짓 경제(투자 자본주의)'를 비대화해, 상위 부호 2100명이 세계 인구의 60%에 해당하는 46억 명과 같은 자산을 보유한다는, 극단적인 빈부격차가 일어나고 있다(2019년).

'제4차 산업혁명과 교육의 미래'를 탐구하는 것은 이러한 세 가지 변화가 중층적으로 진행하는 현실을 다각적으로 검증하고, 그러한 것들의 구조적인 연관성을 풀어내어, 교육혁신의 방도를 모색하는 일이다.

이 작은 책자는 다음의 세 가지 목적으로 집필한 것이다.

첫 번째 목적은 코로나19 팬데믹, 제4차 산업혁명, 세계화 아래에서 세계와 일본 사회와 교육이 어떤 변화를 이루고 있는가를 다양한 자료와 데이터에 근거하여 밝히는 일이다.

두 번째 목적은 제4차 산업혁명이 공교육에 미치고 있는 영향을 밝히는 일이다. 제4차 산업혁명은 교육의 ICT화를 추진하고 있는 것만이 아니다. 세계화를 배경으로 교육시장의 급성장을 만들어내고, 교육을 '빅 비즈니스'로 변모시켜 공교육의 위기를 만들어내고 있다. 더욱이 ICT 교육을 중심으로 한 교육시장의 팽창과 '빅 비즈니스'화는 코로나19 팬데믹으로 인해 가속화하고 있다.

세 번째 목적은 제4차 산업혁명에 대응하는 교육과 배움의 존립 방식을 탐구하는 것이다. 새로운 시대에 대응하는 수업과 배움은 어떤 모습이어야 할까? 그리고 미래의 학교는 어떤 모습이어야 할까? 이 질문에 대답하는 것은 쉬운 일이 아니지만, 여기에서는 미래의 학교와 교실의 모습을 모색하는 길을 제시해보고자 한다.

이 책은 아주 복잡하고 큰 주제를 다루고 있지만, 굳이 북렛이라는 소책자로 출판하기로 했다. 한 사람이라도 많은 분들이 사회와 교육이 직면하고 있는 문제를 알아주고, 아이들의 교육과 일본 사회의 미래를 논의하고 준비해나가기를 바라기 때문이다. 이 책을 단서로 하여 독자 한 분 한 분이 이 주제에 대해 조금이나마 보다 확실한 사색과 논의를 이어간다면 더할 나위 없겠다.

이 책은 2021년에 일본에서 소책자인 북렛으로 출판된 것입니다. 하지만 그 내용은 저자가 서두에서 말하고 있듯이 '아주 복잡하고 큰 주제'를 다루고 있습니다. 그럼에도 저자는 누구나 이해하기 쉬운 소책자로 출판한 이유를, '한 사람이라도 더 많은 분들이 사회와 교육이 직면하고 있는 문제'를 정확하게 알고, 교육의 미래를 논의해나가기를 바라는 마음에서라고 합니다.

아마도 이 책을 읽다 보면 저자의 바람 속에 담긴 교육의 미래에 대한 우려가 비단 일본만의 상황이 아니라는 것을 누구나 알게 될 것이며, 그것이 바로 이 책을 소개받자마자 단숨에 번역하여 출판하게 된 강력한 계기이기도 합니다.

코로나19 대유행과 함께 최근 우리나라에서도 ICT를 앞세운 '맞춤형', '개별화', '미래 교육'이 강조되고, 교사 연수 또한 테크놀로지와 테크닉에 집중되어 교사의 전문성과 학교 수업에 대한 우려의 목소리가 높아지고 있습니다.

이 책은 이러한 우려와 오해를 신뢰할 수 있는 데이터에 근거하여 밝혀냄과 동시에, 우려를 넘어 제4차 산업혁명 시대에 교육의 미래를 어디에 포커스를 두고 어떻게 디자인해나가야 할 것인가에 대한 방안을 제시해주고 있습니다.

저 역시 최근에 학교를 방문하여 수업을 참관하다 보면, '위드 코로나'가 '위드 태블릿'과 동일시되어, 그 어느 때보다 화려하고 다양한 기술과 도구들이 수업에 동원되고 있는 것을 확인하게 됩니다. 이미 ICT는 많은 교실에서 교사의 '가르치는 도구'로서 자리를 잡아가고 있으며, 한때 '선진 기자재'라 불렸던 'ICT를 활용한 수업=미래교육'이라는 등식이 성립하고 있습니다.

그러나 이러한 '가르치는 도구'가 아이들의 배움의 질과 교실에서 친구 관계에 어떤 기능과 역할을 하고 있는가에 대한 논의는 거의 이루어지지 않고 있는 실정입니다. 저자는 OECD의 조사 결과들을 근거로 ICT 교육에 의한 배움은 일반에서 기대하고 있는 것만큼 효과를 보지 못하고 있다고 지적합니다.

그렇다면 제4차 산업혁명 시대에 '한 명의 아이도 배움에서 소외되지 않는 질 높은 배움'을 보장하기 위해 교실에서 컴퓨터는 어떻게 활용되어야 할까요? 정답이 없는 시대를 살아갈 아이들에게 정말 필요한 능력은 무엇일까요? 그리고 급변하는 사회를 살아가는 아이들을 위해 교사는 진정 무엇을 준비해야 할까요?

이 책이 이러한 현실적 질문들에 대한 반성과 함께, 그 답을 찾아 나서는 데 나침반 역할을 해줄 것이라 믿어 의심치 않습니다. 교사를 비롯하여 교육 관계자는 물론이고, 제4차 산업혁명 시대에 무엇을 소중하게 여기고, 또 무엇을 경계해야 할지 고민하는 모든 분들에게 꼭 한번 읽어보시기를 다시 한 번 권합니다.

진정한 미래 교육의 의미를 되새기며…

2022년 1월
손우정

1
제4차 산업혁명에 따른 사회 변화

The Instrumentality becomes a master and works fatally······ not because it has a will but because man has not. —John Dewey

도구(기술)가 지배자가 되어 파멸적으로 행동하고 있다. (중략) 도구가 생각 (의사)을 가지고 있기 때문이 아니라, 사람이 생각을 가지고 있지 않기 때문이다. —존 듀이

제4차 산업혁명과 노동시장의 변화

'제4차 산업혁명'이라는 말은 2016년 세계경제포럼(다보스 회의)에

서 등장하였다. 이 말은 AI와 로봇, IoT와 빅데이터를 비롯하여 나노 테크놀로지, 하이 테크놀로지, 재생 가능한 에너지 개발 등으로 수행 되는 산업혁명을 의미한다.

제1차 산업혁명은 18세기 중반부터 19세기에 걸쳐 영국에서 시작 된 산업혁명이며, 수력과 증기를 에너지로 하여 직물업과 제철업이 비약적으로 발전하고, 증기선과 철도에 의한 교통 혁명이 일어났다.

제2차 산업혁명은 19세기 후반부터 20세기 후반까지의 산업혁명 으로, 전기를 에너지원으로 하여 대공장의 대량생산 시스템이 성립 하고, 중화학공업도 발전하였다. 2차 세계대전 전후 일본 경제의 비 약적인 성장은 이 제2차 산업혁명에 의한 것이었다.

제3차 산업혁명은 1980년대 이후의 IT 혁명으로, 컴퓨터의 개발과 보급에 의해 디지털화가 이루어지고, 재생 에너지 개발도 진행되었 다. 이 IT 혁명은 일본에서는 어설프게 진행되어 기대한 만큼의 변화 를 가져오지 못했다. IT 혁명의 상징은 아이폰이다. 아이폰 부품의 약 70%는 일본제이지만, 이익의 90% 이상은 애플이 벌어들이고 있다. 결국, IT 혁명은 미국 기업의 단독 승리로 끝났다. 마이크로소프트, 인텔, 페이스북, 아마존, 애플, 구글 등 IT 혁명에서 주역을 맡았던 기 업의 대부분이 미국 기업이라는 사실이 이를 말해주고 있다.

제4차 산업혁명은 2012년 무렵부터 이미 독일의 '스마트 공장(AI 와 로봇으로 생산과정을 제어하는 공장)'으로 현실화되고 있었다고 한다. 그 예로, 지멘스사의 스마트 공장에서는 빅데이터를 기초로 하여 고객에게 300종류의 향수 중 최적의 상품을 추천하여 인터넷 판매를 하고, 그 고객의 주문에 따라 공장이 자동으로 향수를 제조하고 있다. 현재는 택배로 배송하고 있지만, 수년 안에 드론으로 배송하게 될 것이다. 그렇게 되면 홍보, 판매, 제조, 배송의 모든 과정이 사람의 노동을 거치지 않게 된다.

이 예에서 알 수 있는 것처럼, 제4차 산업혁명은 급속도로 사람들의 노동과 생활을 바꾸고 있다. AI가 인간의 능력을 웃돌게 될 거라는 '싱귤래리티(singularity, 기술적 특이점)'가 2045년으로 예상되고 있기 때문에, 제4차 산업혁명은 향후 25년간 진행에 가속도가 붙을 것이다 (하지만 나는 싱귤래리티의 도래에는 회의적이다. 기술적으로 가능하게 되더라도 시장경제에서 유익하지 않으면 싱귤래리티는 도래하지 않기 때문이다).

제4차 산업혁명에 관해서는 많은 사람들이 다양한 '미래 예측'을 내놓고 있다. 이미 널리 알려진 것은 현재의 노동을 AI와 로봇과 IoT에 빼앗기게 될 것이라는 예측이다. 그러한 예측의 하나로 2035년까지 영국에서 34%, 미국에서 42%, 일본에서는 49%의 노동이 AI와 로봇으로 대체될 것이라고 말한다. 2035년, 즉 15년 후에는 자동 운전으로 운반업(택시, 버스, 트럭 운송 등) 노동자의 98%가 일자리를 잃고, 점포는 무인화하고, 금융 노동자, 의사, 변호사 등도 격감할 것이라는 예측도 있다.

제4차 산업혁명에 따른 노동의 변화를 실감하고 있는 사람도 많을 것이다. 그 예로 일본에서도 2018년 무렵부터 금융 노동자의 인원 삭

감이 거대 은행을 중심으로 시작되었다. 슈퍼나 대형 마트에서는 무인 계산대가 증가하고 있다. 얼마 안 있어 현재 노동의 반수 가까이가 AI와 로봇으로 대체되리라는 것은 누구나 느끼고 있을 것이다.

또 한편으로 지금까지의 산업혁명이 그랬던 것처럼, 제4차 산업혁명도 새로운 노동을 만들어내고 있다. 2035년 노동의 60% 이상은 현재 존재하지 않는 일이 될 것이라고 한다. 그리고 제4차 산업혁명에 의한 노동 상실은 일시적인 것이며, 새로운 노동도 생겨나기 때문에 실업에 대해서는 걱정할 필요가 없다고 이야기하는 사람들도 있다. 그러나 그 예측은 지나치게 낙천적이라고 생각한다.

인간의 노동은 정신노동과 육체노동으로 대별할 수 있지만, 지금까지 산업혁명의 기술혁명에 의해 빼앗긴 노동은 육체노동이었다. 그러나 제4차 산업혁명에서의 기술혁신은 육체노동만이 아니라, 오히려 정신노동을 빼앗아가고 있다. 즉 새롭게 창출되는 노동은 그 대부분이 현재의 정신노동보다 고도의 정신노동이 될 것이다.

이것은 심각한 문제를 불러일으킨다. 이 변화에 대응할 사람들의 배움이 이를 따라가지 못하면, 대량의 사람들이 사회로부터 배제되어 '무용 계급(useless class)'으로 전락할 위험이 기다리고 있기 때문이다. 노동시장에서 배제된 사람이 많아지면 단순노동의 임금은 점점 더 낮아지게 된다. 게다가 현대의 노동시장은 국경을 넘고 있다. 노동을 상실한 사람들은 인간으로서 최저한의 생활도 할 수 없게 되거나, 아니면 단순노동이 남아 있는 나라로 일자리를 찾아 유출되어 세계를 떠돌게 될 것이다. 이 위기는 어떻게든지 피해야 할 필요가 있다. 여기에 교육의 큰 책임이 가로놓여 있다.

빅데이터

제4차 산업혁명의 기반 중 하나는 빅데이터이다. 예전에 일본의 IT 기술이 앞서가던 시대의 AI는 논리 알고리즘을 추구했지만, 그 후 AI 알고리즘은 대량의 데이터를 처리하는 알고리즘으로 변화했다. 체스 세계 제일의 명수에게 AI가 승리한 것도 빅데이터 처리에 의한 것이며, 자동 운전이 가능하게 된 것도 빅데이터의 화상처리 기술에 의한 것이다.

빅데이터는 지수함수적으로 증가하여 집적되고 있다. 미국에서 구글 정보는 모든 사람의 인터넷 접근에서 메일에 이르기까지 모든 것이, 최종적으로는 미국 국방총성으로 집약되고 있다. 수년 전 중국에 잠복하고 있던 지명수배 중인 범인이 지방 도시의 붐비는 길에서 발견, 체포되었다. 빅데이터의 화상처리 기술에 의해 인구 14억 명으로부터 특정한 1인을 얼굴 인증으로 발견한 것이다. 그뿐만이 아니다. 수년 전부터 미국에서는 어리호박벌 크기의 감시 드론이 개발되어, 위험인물이라고 판단한 사람을 24시간 쉬지 않고 감시, 원격 버튼을 눌러 바로 살해하는 것도 가능해졌다.

빅데이터의 집적과 해석력은 우리의 일상생활에도 침투하고 있다. 나는 국내외 서적과 CD 대부분을 아마존에서 구입하고, 영화도 대체로 아마존 프라임에서 보고 있다. 아마존 사이트의 '당신에게 추천'을 보고 항상 놀란다. 아마존은 나 이상으로 나에 대해서 잘 알고 있다. 이제 나와 세계의 거리는 용해되고, 나 자신도 다른 상품과 마찬가지로 IoT 네트워크의 빅데이터에 편입되어가고 있다.

미국에서는 모든 아이들, 중·고등학생, 대학생의 초등학교 1학년 때부터의 학력 테스트 결과는 물론이고, 모든 교과의 모든 내용의 학습에 대해서, 어디에서 어떻게 주춤거렸는지, 어떤 내용을 어떻게 이해했는지, 그 학습에서 인터넷의 어떤 정보에 어떻게 접근했는지 등 개인별 데이터가 빅데이터로 집적되어 있다. 이 빅데이터에 따라 한 명 한 명의 능력과 학습 이력에 맞추어 최적의 프로그램을 ICT 교육으로 제공하는 것이 가능하게 되어 있다.

빅데이터의 집적은 개인정보 보호 차원에서 몇 가지 문제를 불러일으키고 있다. 나도 회원으로 되어 있는 전미교육아카데미(NAEd)는 2017년에 이 문제에 관한 보고서를 작성하여, 빅데이터가 학습과학 연구를 추진하는 가치를 지니고 있음과 동시에, 개인정보 침해와 상업적 목적으로 이용될 위험이 있음을 지적하고 경종을 울렸다.

IT 산업의 급성장

제4차 산업혁명은 사람들의 일상생활도 크게 변화시켰다. 그 상징이 되는 기업은 아마존과 페이스북이다.

아마존은 1995년에 서적 통신판매 회사로, 종업원 3만 명으로 출발했다. 아마존의 특징은 과거의 구매 이력을 통해 고객에게 상품을 추천하는 '추천(Recommendation) 기능'에 있으며, 이 기능과 아울러 신속한 배달로 매출을 경이적으로 늘려왔다. 아마존의 매출액은 2018년에는 1160억 달러(약 12조 엔)에 달하여 스웨덴의 국가재정을 능가할 정도로 거액이었으며, 그 후에도 4분기마다 20%를 넘는 성장률을 보이고 있다. 2012년까지 미국의 소매시장 매출액은 대형 슈퍼 체인인 월마트가 톱이었는데, 2019년 아마존의 매출액은 월마트 통신판매 매출액의 100배에 달하고 있다. 현재 미국 소매시장에서는 상품의 39%가 아마존에서 구입되며, 매출액 2위인 월마트가 차지하는 비율은 5.8%다(2020년). 미국의 소매시장은 완전히 아마존에 점령당했다고 말해도 좋을 것이다. 중국의 알리바바도 마찬가지로 거대 기업으로 발전하고 있다. 일본 통신판매 업계의 최대 기업은 라쿠텐인데, 라쿠텐의 연간 매출액은 알리바바 연간 매출액의 하루분에 지나지 않는다.

페이스북은 어떨까? 페이스북은 2004년에, 당시 하버드대학교 학생이던 마크 저커버그가 학내 학생용으로 개발한 SNS 시스템이었다.

2006년에 이 SNS 시스템이 일반인들에게 개방되자 눈 깜짝할 사이에 전 세계에 보급되어, 2012년에는 10억 명이 이용하는 엄청난 네트워크로 성장했고, 2017년에는 이용자가 20억 명을 돌파했다. 그 광고 수익은 경이적이다. 2020년 저커버그는 아마존의 창시자 제프 베이조스(자산 20조 엔)와 함께 순자산이 1000억 달러(11조 엔)를 넘는 세계 톱 3인에 드는 부호가 되었다. 한 대학생이 불과 15년 만에 세계 톱 3의 부호로 올라선 것이다.

제4차 산업혁명이 산업과 경제를 크게 변화시킨 현상을 한 가지만 더 제시해보겠다. 세계의 기업 랭킹은 '세계 시가총액(World Stock Market)'으로 나타난다. 2020년 8월의 랭킹은 애플을 필두로 사우디 아람코, 마이크로소프트, 알파벳, 페이스북, 알리바바로 되어 있다. 상위 30개 회사의 대부분이 IT 기업이다. 30개 회사를 나라별로 보면 미국이 21개사, 중국이 4개사, 스위스 2개사, 사우디아라비아 1개사, 한국 1개사, 대만 1개사다. 일본 기업은 상위 30위 안에 한 개도 없으며, 50위 안에 도요타(48위) 1개사뿐이다.

32년 전과 비교해보자. 1988년 '세계 시가총액'의 기업 랭킹에서는 총 30위 가운데 21개 회사가 일본 기업이었다. 일본 기업의 쇠락은 분명하다. 이렇게 일본 기업이 전락한 것은 세계경제를 리드하는 기업의 업종이 변화했기 때문이다. 32년 전 랭킹 상위 기업은 금융업과 자동차산업이었지만, 현재는 대부분이 IT 기업으로 바뀌고 있다. 일본은 30년간 제2차 산업혁명 시대의 산업과 교육을 고집함으로써 세계화에 대응하지 못하고, 21세기형 산업과 경제, 교육으로의 전환을 게을리해온 것이다. 그 결과 30년간 GDP 성장률은 세계 최저 수준(170위)인 1.6배로 저조하며(세계 평균 4.0배), GDP 세계 제3위의 위치는 확보하고 있지만, 경제 추세(GDP 성장률)에서는 세계 최저로 떨어지고 있다. 말하자면 가솔린은 아직 대량으로 보유하고 있지만, 엔진이 오래되고 낡아서 연비가 나쁘고 추진력이 떨어져 있는 상태이다. 이 상태에서 코로나19 팬데믹이 덮치고 있다는 점에, 일본 사회와 경제의 심각한 문제가 있음을 지적해두고 싶다.

제4차 산업혁명과 정부·경제산업성·문부과학성

제4차 산업혁명에 대한 일본 정부의 대응은 결코 늦은 것은 아니었다. 제4차 산업혁명을 선언한 2016년 세계경제포럼 다음 해에는 내각부의 주도 아래 경제산업성, 후생노동성, 문부과학성 합동으로 '제4차 산업혁명 인재 육성 추진 회의', 경제산업성에는 '인재력 회외'가 설치되고, 2018년에 내각부는 '인재 양성 혁명', 경제산업성은 '소사이어티 5.0', 문부과학성은 '소사이어티 5.0을 향한 인재 육성의 추진'을 제창하기에 이르렀다.

'소사이어티 5.0'은 2016년 내각부 '종합 과학기술 회의'의 제5기 과학기술 기본 계획에서 등장한 개념이다. 수렵시대 사회가 '소사이어티 1.0', 농경시대 사회가 '소사이어티 2.0', 공업시대 사회가 '소사이어티 3.0', 컴퓨터·디지털 시대 사회가 '소사이어티 4.0' 그리고 '소사이어티 5.0'은 '사이버 공간과 물리적 공간을 고도로 융합한 시스템에 의해, 경제 발전과 사회적 과제 해결을 양립하는 인간 중심의 사회'로 정의되고 있다. '소사이어티 5.0'은 '새로운 가치'에 의한 장밋빛 사회를 구상하는 말로, 꿈의 미래를 그리는 낙관적이고 과학적 근거가 없는 일본 고유의 개념이므로, 여기에서는 '제4차 산업혁명'이라는 용어로 표기하기로 한다.

'소사이어티 5.0'은 제4차 산업혁명을 장밋빛으로 그리고 있지만, 일본의 현실은 정반대 상태에 있음을 인식해둘 필요가 있다. 제3차 산업혁명이 시동한 1980년대, 일본의 IT 기술은 세계 톱 수준이었지만, 일본의 IT 기술은 점점 국제경쟁력을 잃어갔다. 그 원인은 1986년과 1991년의 일미 반도체 협정 체결에 있다. 이 두 개의 협정으로 일본의 반도체 지분은 세계시장의 20% 이하로 억제되고, 미국 중심의 IT 기술 개발이 추진되어, 반도체와 IT 기술 개발과 판매의 주도권을 다른 나라들에 빼앗겨버린 것이다. 그 결과, 1989년에는 세계 반도체의 52%를 일본이 생산하고 있었지만, 2017년에는 7%로 주저앉는다. 대미 종속 협정으로 IT 기술 발전이 억제되어 반도체 생산은 한국과 대만에 추월당하고, 컴퓨터 하드 생산에서는 중국에 추월당하고, 소프트 개발에서는 인도에 추월당하고 말았다.

게다가 제4차 산업혁명의 상징은 자동차의 자율주행인데, 여기에서도 일본의 기술은 미국, 중국, 독일에 뒤처지고 있다. 일본의 자동차 자율주행 연구 개발은 인간의 운전을 AI가 보조하는 제1단계, 인간과 AI가 협동으로 운전하는 제2단계, AI의 운전을 인간이 보조하는 제3단계, 전부 AI가 자동적으로 운전하는 제4단계로 나누어 진행되고 있다. 제2단계에서 제3단계로의 이행이 기술적으로는 곤란해서 일본의 자율주행 기술 개발은 정체해버린다. 하지만 미국과 중국의 개발 발상은 완전히 달랐다. 처음부터 제4단계에 몰두하여 모든 것을 AI가 자율주행하는 자동차의 개발을 연구해온 것이다. 그 결과, 일본이 제2단계에서 제3단계로의 이행에 어려움을 겪고 있는 사이에, AI에 의한 자율주행 자동차 개발을 달성했다. 일본이 자동차의 운전을 자동화하는 개발 연구를 했던 것에 비해, 미국과 중국은 빅데이터 화상처리 기술을 가진 컴퓨터에, 엔진을 장착하고 타이어를 끼운 차를 개발해왔다고 해도 좋을 것이다. 세계에 자랑하던 자동차산업에서도 일본은 자율주행 기술에서 미국과 중국에 추월을 당하고 만 것이다.

내각부도 경제산업성도 문부과학성도 일본 경제가 엄중한 상황에 있다는 것도, IT 혁명(제3차 산업혁명)에서 국제 경쟁에서 탈락했다는 것도 인식하고 있다. 그러나 그 원인인 외교·경제·교육정책의 과오를 되돌아보는 일 없이, 뒤처진 제4차 산업혁명을 ICT 교육으로 회복하려 하고 있다. '인재 양성 혁명(내각부)'(자민당이 '혁명'이라는 단어를 사용한 것은 처음이다)도 '소사이어티 5.0(경제산업성)'도 내용을 읽어보면 문부과학성의 정책 문서 같다. 문부과학성이 담당해야 할 정책을 경제산업성에서 떠맡고 있는 상황이 생겨난 것이다. 그 전형이 '소사이어티 5.0을 향한 인재 육성'이고, 후술할 '미래 교실'과 'EdTech연구회'이며, 문부과학성의 'GIGA 스쿨 구상'이다. 이러한 정책으로 제4차 산업혁명에 대응하는 교육혁신을 추진하는 것이 과연 가능할까?

코로나19 팬데믹과 ICT 교육

코로나19에 의한 교육의 타격

코로나19에 의한 팬데믹의 발발은 누구도 예상하지 못했던 일이다. 그러나 박쥐와 기생 관계에 있는 코로나 바이러스에 의한 감염 확대는 2002년의 사스, 2009년의 신종 인플루엔자, 2012년~2015년의 메르스, 2019년의 코로나19 바이러스와 같이, 2000년 이후 빈번하게 일어나고 있다. 그 외의 바이러스에 의한 삼염, 에이즈, 조류 인플루엔자, 에볼라 출혈열 등을 포함하면 바이러스에 의한 팬데믹은 20여 년 전부터 빈발하고 있었다. 그 뿌리에는 삼림 파괴가 있으며, 수렵이 있고, 부시 푸드(밀림의 동물 식재료)의 확산이 있다. 원래 박쥐를 먹지 않는 동물들이 산림 파괴로 먹을 것이 없어지자 박쥐를 먹고, 그 동물을 매개로 하여 바이러스가 인간을 덮치는 팬데믹이 일어난 것이다. 2020년 바이러스 학자들은 박쥐에 기생하며 인간에게 위해를 줄 가능성이 있는 바이러스를 특정했는데, 그 수가 8만 5000종류나 된다. 자연 파괴가 계속되는 한 바이러스에 의한 팬데믹은 반복될 것이다.

지구온난화로 인해 북극의 얼어붙은 땅이 녹고 있는 것도, 언 땅속에 파묻혀 있던 절멸한 생물들이 보유한 수천의 미확인 바이러스들에 의한 팬데믹의 위험성을 증대시키고 있다. 2020년 전반 시베리아 북극권의 평균기온은 예년보다 5도 높고, 7월만 보면 10도나 높다고 보도되었다. 2020년 6월 20일 북극권의 최고기온이 38도를 기록한 것은 관측 사상 처음 있는 일이었다.

코로나19로 인해 교육이 받은 타격은 심각하다. 2020년 4월 7일, 유엔은 세계 180개국·지역에서 18억 명의 어린이들이 학교에 갈 수 없는 상황이 되었다고 보고하고, 같은 달 15일에 유네스코는 세계 어린이의 91% 이상이 휴교 상태에 있다고 전하고 있다. 7월 시점에서도 107개국에서 세계 어린이의 68%가 학교에 갈 수 없었다. 이렇게 많은 아이들의 배울 권리가 박탈당한 것도 역사상 처음 있는 일이다.

그림 1은 2020년 10월의 세계 학교의 폐교·개교 상황을 나타낸 것이다. 까만 부분이 폐교가 계속되고 있는 지역, 빗금 친 부분이 일부 학교가 개교하고 있는 지역, 흰색 부분이 학교를 개교하고 있는 지역 (일본도 포함)이다.

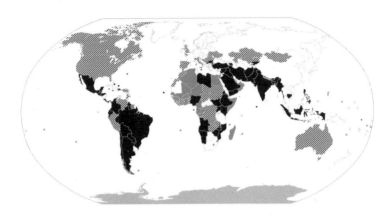

그림 1 세계 학교의 폐교·개교 상황(2020년 10월 현재)
출처 : UNESCO, COVID-19, Response, 2020.

배울 권리는 아이들 인권의 중심이며 희망의 중심이다. 그리고 배울 권리는 모든 인권의 기초이다. 배움의 권리를 박탈당하면 다른 모든 권리에 접근할 수 없게 된다. 코로나19는 그 배움의 권리를 박탈하고, 개발도상국 아이들과 선진국의 빈곤층 아이들에게 심각한 타격을 주고 있다. 아프리카, 중근동, 남아시아, 중남미의 많은 나라에서 2021년 1월 현재도 학교는 닫힌 채로 개교에 대한 계획이 서 있지 않다. 온라인 수업은 하고 있지만, 이들 지역에서 인터넷 환경이 정비되어 있는 아이들은 30% 이하라고 알려져 있다. 사망 감염자 수가 많은 미국에서는 부분적으로 학교를 열고는 있지만, 온라인 수업이 기본인 상황에서 4분의 1에 해당하는 아이들은 인터넷 환경이 갖춰지지 않아서 배울 권리를 박탈당한 상태가 지속되고 있다. 코로나19 팬데믹은 전 세계에서 빈부의 격차를 확대하고 있지만, 동시에 교육의 격차도 확대하고 있는 것이다.

코로나19로 인한 경제 붕괴는 보다 더 심각하다. 2008년 리먼 쇼크는 금융기관의 파탄이자, 금융기관의 파탄이 실물경제에 영향을 미친 위기였다. 코로나19로 인한 경제 위기는 리먼 쇼크 때의 위기와는 다르다. 뉴욕 시장의 주가도 도쿄 시장의 주가도 한때는 30% 정도 폭락하였지만, 수개월 후에는 회복하여 전체적으로는 코로나19 이전의 높은 시세를 회복하고 있다. 이 현상이, 현대 자본주의가 '투자 자본주의'라는 '거짓 자본주의'로 변모하여, 주식시장과 실물경제가 괴리하는 이상한 상태가 되고 있음을 보여준다.

그리고 코로나19는 사회를 변모시키고 있다. 코로나19로 세계도 각국의 사회도 분단되어 두 개로 나누어지고 말았다. 부유층과 빈곤층, '국가·자본 중심' 사회와 '생명·인권 중심' 사회로 분단이 진행되고 있다. 그 상징적인 일이 트럼프 대통령과 그 지지자들과, '흑인의 목숨도 소중하다(black lives matter)'를 내걸고 일어선 흑인들과 그 지지자들의 대립일 것이다. 이 분단과 대립은 어느 나라에서나 가시적으로 드러나고 있으며, 그 골이 메워지는 일은 없을 것이다.

IT 산업의 교육 진출

코로나19로 인해 눈에 띄는 현상의 하나는 IT 산업의 교육시장 진출이다. 상징적인 현상은 줌(Zoom)의 폭발적인 보급일 것이다. 줌은 원래 창고 관리 소프트로 개발된 시스템이었다. 그런데 코로나19 발생 전인 2019년 말부터 팬데믹 발발 후인 2020년 5월까지 반년 동안에, 계약 건수가 전 세계에서 무려 500배가 되었다고 한다.

일본에서도 학교가 휴교에 돌입한 2020년 3월 이후, 경제산업성의 학교 휴업 대책인 '배움을 멈추지 않는 미래의 교실' 사이트에서는 100개가 넘는 IT 기업이 교육 프로그램을 '무료 서비스'로 제공하였다. 왜 무료일까? 그 이유는 코로나19로 인한 학교 휴업이라는 비즈니스 찬스에 고객을 어느 정도 획득할 것인가가 각 기업의 장래를 결정짓기 때문이며, 무료 서비스로 획득할 수 있는 개인정보의 빅데이터가 각 기업의 장래 수익으로 직결되기 때문이다.

문부과학성도 코로나19 상황에서 ICT 교육의 보급을 적극적으로 추진하고 있다. 문부과학성은 2018년 이후 경제산업성 주도의 〈미래 교실〉과 〈EdTech연구회〉를 협동으로 추진해왔지만, 2019년 '1인 1단말기'라는 'GIGA 스쿨 구상'을 내세우고 있나. 'GIGA 스쿨 구상'이란 초중고생 1인당 1대의 컴퓨터 환경을 정비하는 구상이다. 문부과학성은 이 구상을 위해 2020년 1월 추가경정예산으로 2318억 엔을 쏟아부었다. 그 후 'GIGA 스쿨 구상'은 코로나19에 대한 대응으로 2023년도로 계획했던 완성 연도를 2020년도로 앞당기게 되면서 아이 한 명당 4만 5000엔, 와이파이 환경 등의 정비에 학교당 최대 3000만 엔의 예산을 2020년도에 할당하게 되었다.

그러나 이 정책과 학교의 현실에는 괴리가 있었다. 3개월에 걸친 휴교 기간, 문부과학성은 ICT 교육에 따른 학습 지원을 각 학교에 요청했지만, 휴교 기간에 ICT를 활용한 초중학교는 5%에 불과했다. 가정의 컴퓨터와 와이파이 환경의 격차가 커서 대부분의 학교에서 ICT에 의한 원격수업을 실시하는 것이 불가능했기 때문이다.

애초에 ICT에 의한 '미래 교실'을 '21세기형 교실'이라고 말할 수 있을까? ICT 교육은 평등과 공정의 원리에 따라 아이들의 배울 권리를 실현하고, 질 높은 배움을 창조하는 것으로 연결될까? 그리고 만약 ICT 교육이 유효하게 기능한다고 하면 어떤 교육이 요구되어야 할까?

3

거대화하는 글로벌 교육시장

확대하는 교육시장

세계화에 따른 교육의 가장 눈에 띄는 변화는 IT 산업과 교육산업에 의한 글로벌 교육시장의 팽창이자, 채무국가 하에서 신자유주의 정책을 통한 공교육의 민영화가 추진되어 교육이 '빅 비즈니스'로 변모한 것이다. 이 변화는 다음의 세 가지 동기와 원인으로 발생하여 제4차 산업혁명에 의해 가속화하고 있다.

첫째는, IT 산업과 교육산업 시장이 급속하게 팽창한 것이다. 2011년 시점에서 세계 교육시장의 규모는 400조 엔까지 확장해 있었는데, 2020년 현재 600조 엔까지 팽창하였다. 600조 엔이라는 교육시장의 규모는 세계 자동차 시장의 3배로, 매년 약 14%가 확대하는 급속한 팽창은 다른 산업 분야를 능가하고 있다.

둘째로, 교육시장이 팽창하는 배후에는 세계적으로 진행되고 있는 공교육의 사립학교화와 민간 위탁이 있다. 세계화로 인해 세계 나라들은 대부분 채무국가로 전락했다. 그리고 국민국가 시대는 끝이 나고, 자본주의도 국가 독점주의에서 글로벌 자본주의로 이행하였다. 그 결과, 대부분의 나라에서 공교육이 존속 위기에 직면하고 있다. 채무국 하에서 공교육은 재정에 큰 부담이 된다. 거기에 등장한 것이 IT산업이며 교육산업이다. 공교육은 기업에게는 거대 시장이기 때문에 많은 나라에서 공교육의 민영화와 민간 위탁이 진행되어왔다.

셋째로, 개인 투자에 의한 사교육 시장의 팽창이다. 보습 학원, 영어 학원, 프로그래밍 학원, 스포츠 교실과 취미를 위한 학원들, 어른들의 영어회화 학원, 컴퓨터 학원 등 지식 기반 사회와 평생학습 사회의 발전에 따라 학교 밖에서의 학습 기회가 확대하고 있다. 신자유주의 이데올로기와 정책에 따라 교육은 공공의 영역에서 사적인 영역의 투자로 변화하며 학교 밖의 교육시장이 확대되었다.

교육의 빅 비즈니스

교육의 '빅 비즈니스'는 다음과 같은 모습을 보여주고 있다.

첫째는 공립학교를 민영화하거나 교육기업에 위탁하는 것이다. 공교육으로 소비되는 경비의 80%는 인건비이기 때문에, 원래 교육은 수익을 내다볼 수 있는 사업은 아니었다. 그러나 IT 기술이 교육을 수익성 높은 사업으로 변화시켰다. 공립학교를 민영화한 교육기업, 공립학교를 업무 위탁받은 교육기업은 교원의 대부분을 해고하고, 이를 컴퓨터로 대체하여 막대한 이익을 올리고 있다. 제4차 산업혁명에 따른 빅데이터의 집적과 AI로 제어된 교육 프로그램이 이 전환을 가능하게 하고 있다.

앞서 기술한 바와 같이 미국에서는 초·중·고등학교 모든 아이들의 초등학교 입학 후의 학력 테스트 결과는 물론, 어느 단원에서 어떻게 주춤거렸는가, 어떤 교육 내용을 이해했는가, 그 배움에서 무엇을 어떻게 활용하여 배웠는가에 대한 정보가 빅데이터로 집적되어 있다. 현재의 컴퓨터는 교사보다 보호자보다 학습자 본인보다 더 학습자 한 명 한 명에 대한 상세한 정보를 보유하고 축적하고 있다. 경제산업성이 '미래 교실'로 이상화하고 있는 '개별 최적화(5장에서 상세하게 기술)'는 현재의 학교와 교사로는 실현할 수 없지만, AI와 빅데이터를 구사하는 ICT 교육이라면 가능하다. 이 논리로 IT 기업과 교육기업은 협동하여 세계 각국에서 공교육의 민영화와 기업 위탁화를 추진하고 있다.

둘째로, 교육의 '빅 비즈니스'는 글로벌 네트워크를 형성하고 있다. '교육의 글로벌 넷'을 조사하고 연구해온 런던대학교의 스티븐 볼은, 런던의 한 초등학교에서 컴퓨터로 배우고 있는 사라라는 여자 아이의 배후에 얼마나 많은 기업과 단체가 글로벌 넷으로 조직되어 있는가를 그림으로 보여주고 있다(그림2). 이 그림을 보면 얼마나 많은 기업, 단체, 국제기관이 거대한 네트워크를 형성하여 수익을 올리고 있는가를 알 수 있을 것이다. 여기에는 구글, 아마존, 애플과 마이크로소프트 등 IT 산업, Pearson & McGraw−Hill Education Inc, AcadeMedia 등 교육기업, Bill & Melinda Gates Foundation(B&MGF) 등 공익재단, 나아가 세계은행과 유네스코, 유엔 등 국제기관까지 연대하여 거대한 글로벌 넷을 형성하고 있다.

셋째로, 교육의 '빅 비즈니스'는 '박애주의(philanthropy)'를 표어로 내걸고 사업을 전개하며 확대되고 있다. '빈곤 지역(나라) 아이들에게 풍부한 배움을', '모든 아이들이 학교에 다닐 수 있는 지원을', '어느 누구 한 사람도 뒤처지지 않는 교육의 실현', '빈곤한 아이들을 저학력에서 구출' 등 어떤 교육의 '빅 비즈니스'에도 '박애주의'라는 말이 넘쳐나고 있다.

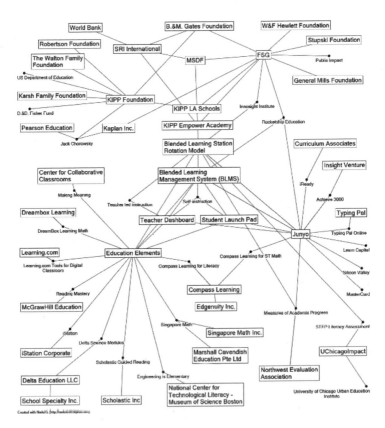

그림 2 아이 한 명의 배경에 있는 교육의 글로벌 네트워크

출처 : Ball, Stephen, Global Education and Neo-liberalism, or what makes Sarah happy, 2019.

빅 비즈니스의 국제 동향

넷째로 교육의 '빅 비즈니스'는 지역에 따라, 나라에 따라 다양한 모습을 보이고 있다. 선진국에서 교육의 '빅 비즈니스'는 대학 시장과 입시 시장과 취업 시장으로 진출한 것만이 아니다. 공교육의 위탁 사업(스웨덴 공립학교의 20% 이상이 AcadeMedia, John Bauer 등에 위탁), 미국 차터 스쿨(공적 비용으로 운영되는 사립학교)의 에디슨 그룹(Edison Group)과 빌 게이츠가 지원하는 KIPP 등에의 위탁, ICT 교육, 학력 테스트, 교원 평가, 학교 평가, 교원 연수, 평생학습 등으로 진출하여 모든 교육사업이 '빅 비즈니스'로서 수익 사업이 되고 있다. OECD의 PISA(Program for International Student Assessment, 국제학업성취도평가)도 2015년 이후는 사기업인 피어슨(Pearson)이 위탁 사업으로 실시하고 있다.

한편, 개발도상국에서는 ICT 교육, 디지털 교재, 교육과정 개발, 교원 연수, 학력 테스트, e-러닝에 더해 '저렴한 사립학교 만들기(공교육의 민영화)'가 '빅 비즈니스'의 중심이다. 특히, 개발도상국의 빈곤 지역이나 저학력 지역의 학교는 '저렴한 사립학교' 만들기의 타깃이 되고 있다. 인도에서는 공립학교의 30%(도시부는 50% 이상)가 교육기업에 의해 '저렴한 사립학교(Low Fee Private School : LFP 스쿨, 연 수업료는 5만 엔 정도)', 또는 정부 예산으로 교육기업에 업무 위탁되어 있다.

교육의 '빅 비즈니스' 실태는 세계 최대 교육기업인 피어슨의 사업에서 엿볼 수 있다. 피어슨은 원래 영국의 출판회사였는데, 교육 테스트의 IT화로 인해 급속하게 사업을 확대하여 학력 테스트와 교원 평가 테스트에 더해 직업 자격 취득 온라인 수업, 온라인을 통한 고등 교육 서비스, 평생학습의 교육 지원, 온라인 교원 연수, 버추얼 학교 (온라인 통신제 학교) 등 다각적이고 종합적인 교육기업으로 발전하여, 세계 100개국 이상에서 수익 사업을 전개해오고 있다. 피어슨의 기업 이념은 '모든 사람들에게 공정하고 평등한 교육의 기회를 제공한다' 라고 되어 있다. 이렇게 '박애주의'의 표어가 모든 수익 사업을 관통 하고 있고, 개발도상국이나 선진국의 빈곤 지역에서 사업을 확대하 며 막대한 이익을 올리고 있다. 피어슨의 세계 전략에는 세계은행과 유네스코, 각국의 교육부와 연대가 계획되어 있는 것이 특징적이다.

B&MGF도 세계 각국의 교육 영역에서 '빅 비즈니스'를 전개하는 조직이다. B&MGF는 원래 질병과 빈곤 퇴치를 내세운 자선단체였 는데, 미국 내에서 교육사업을 확대하고 있다. 대규모 원격수업을 가 능하게 한 MOOC(대규모 공개 온라인 강좌)의 개발과 빅데이터를 활용 한 IT 개별지도의 개발에 대규모 투자를 하고 있으며, 이러한 교육 개 발은 선진국뿐만 아니라 개발도상국을 교육의 위기에서 구할 것이라 주장하고 있다.

교육의 '빅 비즈니스' 시장은 매년 확대되어가고 있다. **그림 3**은 IoT(사물과 사물을 연결하는 인터넷과 빅데이터) 교육시장의 전체와 지역별 성장을 나타낸 것이다. 2018년부터 2023년까지 5년간 2.3배로 팽창 할 것이라는 예측이다. 북아메리카, 유럽, 아시아 지역을 중심으로 거

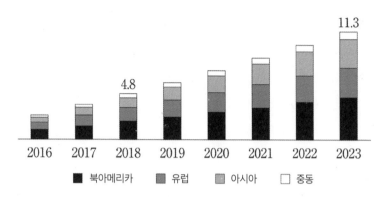

11.3

4.8

2016 2017 2018 2019 2020 2021 2022 2023

■ 북아메리카   ■ 유럽   ■ 아시아   □ 중동

그림 3 IoT 교육시장의 전체와 지역별 성장

출처 : Markets and Markets
https://www.marketsandmarkets.com

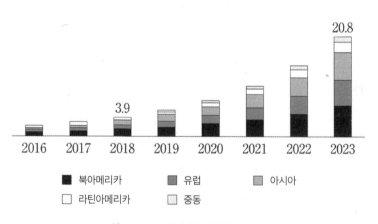

20.8

3.9

2016 2017 2018 2019 2020 2021 2022 2023

■ 북아메리카   ■ 유럽   ■ 아시아
□ 라틴아메리카   ▨ 중동

그림 4 MOOC 교육시장의 전체와 지역별 성장

출처 : Markets and Markets
https://www.marketsandmarkets.com

의 동시에 팽창하고 있음을 알 수 있다. 이 급격한 교육시장의 팽창이 코로나19 팬데믹으로 가속화하고 있음은 앞서 제시한 바와 같다.

그림 4는 MOOC 교육시장의 전체와 지역별 성장을 보여주고 있다. MOOC는 한 강좌에 학생 수만 명에서 수십만 명의 수강이 가능해지는 방식으로, 2008년에 미국의 대학에서 처음 시작되어 현재 스탠포드대학교, 하버드대학교, 옥스퍼드대학교, 도쿄대학교 등 세계 톱 수준의 대학이 중남미와 아프리카 등 개발도상국 학생들을 타깃으로 보급하고 있다.

이 MOOC 시장의 확대도 2018년부터 2023년까지 5년간 5배 이상이 될 것이라 예측되며, 코로나19 팬데믹으로 인해 이 예측을 넘어서 가속화하고 있다. 이 교육시장의 확대도 인터넷 시장과 마찬가지로 북아메리카, 유럽, 아시아 지역을 중심으로 확대하고 있다.

그림 5는 ICT 교육시장의 부문별 성장을 보여주는 것이다. ICT 교육시장 전체의 평균 성장률은 23.5%로, 교육시장이 IT 산업에 있어서 최상의 시장 가운데 하나라는 사실을 엿볼 수 있다. 부문별로 보면 '교육 콘텐츠'와 '하드웨어' 시장에서는 성장을 그다지 기대할 수 없으나, 'IT 서비스'와 '소프트웨어' 시장은 비약적으로 성장하고 있다. IT 산업의 교육 진출은 'IT 서비스'와 '소프트웨어' 개발에 치우쳐가고 있다.

교육시장 전체도 팽창하고 있다. 교육조사 기관인 Holon IQ는 2019년, 교육시장은 연평균 성장률 4.5%로 계속 성장하여, 2025년에

연 평균 성장률 23.5%

2014 2015 2016 2017 2018 2019 2020 2021 2022

- □ 소프트웨어
- ■ 하드웨어
- ■ IT 서비스
- ■ 교육 콘텐츠

그림 5 ICT 교육시장의 부문별 성장

출처 : Markets and Markets
https://www.marketsandmarkets.com

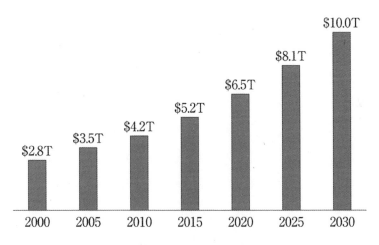

$2.8T $3.5T $4.2T $5.2T $6.5T $8.1T $10.0T

2000 2005 2010 2015 2020 2025 2030

그림 6 교육시장 전체의 동향

출처 : Holon IQ, Global Education in 10 Charts, 2019.
https://holoniq.com
주) T는 trillion(1조)

는 1000조 엔 가까이(전 세계 GDP의 6%)가 될 것이며, 그 가운데서도 중등 교육시장이 7배, 고등 교육시장이 5배나 팽창하여, 이 두 개의 시장만으로 2030년에는 1000조 엔을 넘을 것이라고 예측하고 있다(그림6). 나라별로 보면 시장 규모가 큰 나라는 미국과 중국이다. 미국의 EdTech 기업에 대한 투자는 2014년에 10억 달러였는데, 2018년에는 16억 달러에 달하고 있다. 놀라운 것은 중국이다. 중국의 EdTech 기업에 대한 투자는 2014년은 6억 달러였지만, 2018년에는 52억 달러로 급상승하고 있다.

그림 7은 지역별 2016년의 e-러닝 시장 규모와 3년간의 성장률을 보여주고 있다. 지역적으로 보면 교육시장의 규모는 북아메리카, 아시아, 유럽이 현격하게 크고, 교육시장의 성장률로 보면 아시아, 러시아, 동유럽, 아프리카, 라틴아메리카가 연율 10%에서 20% 가까이 급성장하고 있다.

한편, 일본의 아동 한 명당 시장 규모는 다른 나라들과 비교할 때 상대적으로 작고, 저출산 경향이 심하기 때문에 시장의 성장률도 현저하게 낮은 것이 특징이다. 나라별 교육시장의 비교는 미쓰이물산 연구소의 보고서(2013년)를 보면 알 수 있다. 통계 데이터는 2011년 것으로 오래되었지만, 일본의 아동 1인당 시장 규모는 삭고, 2000년부터 2011년 사이의 교육시장 성장률은 불과 2%로, 다른 나라와 비교하여 10분의 1정도였다고 보고하고 있다.

그림 8은 교육의 개인소비 동향을 나타낸 것이다. 2000년부터 2018년

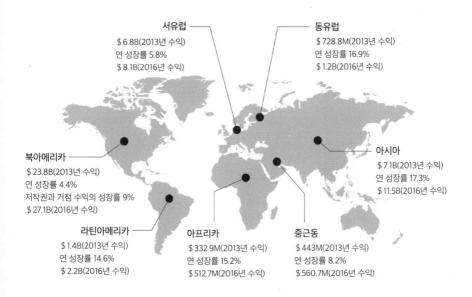

서유럽
$ 6.8B(2013년 수익)
연 성장률 5.8%
$ 8.1B(2016년 수익)

동유럽
$ 728.8M(2013년 수익)
연 성장률 16.9%
$ 1.2B(2016년 수익)

북아메리카
$ 23.8B(2013년 수익)
연 성장률 4.4%
저작권과 거점 수익의 성장률 9%
$ 27.1B(2016년 수익)

아시아
$ 7.1B(2013년 수익)
연 성장률 17.3%
$ 11.5B(2016년 수익)

라틴아메리카
$ 1.4B(2013년 수익)
연 성장률 14.6%
$ 2.2B(2016년 수익)

아프리카
$ 332.9M(2013년 수익)
연 성장률 15.2%
$ 512.7M(2016년 수익)

중근동
$ 443M(2013년 수익)
연 성장률 8.2%
$ 560.7M(2016년 수익)

그림 7 세계 각 지역의 e-러닝 시장의 성장(2013년~2016년)
출처 : Docebo, Global E-Learning Market infographic
https://www.docebo.com

사이에, 교육의 개인소비액은 인도에서는 3.5배, 중국에서 3배로 증가하고 있는데, 북아메리카나 유럽, 일본에서는 그다지 증가하지 않았다. 교육의 개인소비 급증은 일본을 제외한 아시아, 라틴아메리카, 아프리카 여러 나라에서 일어나고 있다.

부모가 아이의 사교육(학원 등)에 어느 정도를 지출하고 있는가는 HSBC은행의 조사(2017년)가 보고하고 있다. 조사 결과를 보면 1위가 홍콩으로 연간 약 150만 엔, 2위가 아랍에미리트로 약 110만 엔,

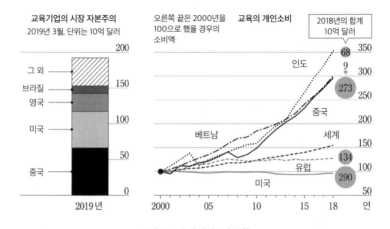

그림 8 교육의 개인소비 동향
출처 : Holon IQ, Global Education in 10 Charts, 2019.
https://holoniq.com

3위가 싱가포르로 약 80만 엔, 4위가 미국으로 약 65만 엔, 5위가 대만으로 약 65만 엔, 6위가 중국으로 약 50만 엔, 이어서 오스트레일리아, 말레이시아, 영국, 멕시코, 캐나다, 인도, 인도네시아, 이집트, 프랑스 순이다.

일본의 교육비 부담은 고등교육에서 세계 제일의 높은 수준에 도달해 있지만, 초등과 중등교육 단계의 사교육(학원 등)에 대한 지출은 다른 여러 나라와 비교하여 그다지 높은 것은 아니다. 한국과 홍콩과 중국에서는 아이 한 명에게 매월 30만 엔에서 50만 엔도 학원비로 지출하는 부모들이 상당수 존재하지만, 일본에서는 그렇게 고액을 지출하는 부모는 드물다.

Holon IQ의 보고에 따르면, 2014년부터 2018년에 중국의 EdTech 기업에 대한 투자액은 미국, 유럽, 인도를 포함한 액수의 1.5배 이상 이었다. 일본의 EdTech 기업에 대한 투자액은 미국, 유럽, 인도, 물론 중국과는 비교도 안 될 정도로 적다. 일본의 공교육 지출의 GDP 비율도 매년 감소하고 있어서, 2020년 통계에서 세계 113위였다. 즉, 일본의 교육시장은 아이 한 명당 개인소비에서도, 공적 지출에서도 정체되어 있는 것이 현실이다.

일본 교육시장의 팽창이 정체하고, 성장률이 국제적으로 낮은 수준에 있는 요인은 몇 가지로 생각해볼 수 있다. 하나는 일본은 원래 공교육비까지 가계에 의존하고, 최근 공교육비 삭감과 함께 가계의 교육비 지출도 축소되고 있다. 부모의 교육비 지출이 한계에 달하고 있는 것이다.

또 하나의 요인은 2005년 의무교육비 국고 부담법 개정 이후, 문부과학성이 신자유주의에 의한 교육의 민영화에 저항하는 대응을 취하며, 교육기업이 공교육에 침입하는 것을 방어해온 것을 들 수 있다. 그 결과, 교육기업이 공교육에 참여하는 것은 전국학력테스트 등 일부에 한정되어왔다. 문부과학성이 교육기업의 침입으로부터 공교육을 지켜온 것이다.

그러나 일본의 공교육을 '빅 비즈니스'로부터 지켜온 방어벽은 지금 한순간에 무너져가고 있다.

4
'인재＝인적자본'의 변화

'인재'라는 말

　일본에서 '인재'라는 말이 교육 용어로서 범람한 것은 언제부터일까? 그 출발점은 내각부에 설치된 '글로벌 인재 육성 회의(2011년)'일 것이다. 같은 해 문부과학성도 '산학관(産學官 : 산업계, 학교, 관공청 3자를 뜻함—옮긴이)에 의한 글로벌 인재 육성 전략'을 발표하고 있다. '인재'라는 말은 그 후 아베 수상이 의장을 맡았던 '인생 100세 시대 구상 회의'의 '인재 만들기 혁명 기본 구상(2018년)'으로 보급되었다. 이러한 문서에 등장하는 '인재'는 영어로 말하자면 'human capital(인적자본)'이다.

원래, '인재'라는 말이 일본에 등장한 것은 1930년대의 다이쇼 익찬(翼贊) 운동이었는데, 이 말이 교육 용어로 부활한 것은 1971년 중앙교육심의회 보고서에 '인적능력(manpower)'이라는 말이 나오면서였다. '인적능력 개발 정책(manpower policy)'은 1950년대 이후, 미국과 소련의 냉전 상황에서 '인적 엘리트' 교육을 의미하고 있었다. 이 '인적능력'으로서 '인재'와 현재의 '인적자본(human capital)'으로서 '인재'는 분명히 의미가 다르다. 그 차이는 어디에 있는 것일까?

'인재=인적자본'에서 '자본'의 의미에 대해 개관해보겠다. 자본은 근대경제학(고전파 경제학)에서는 토지, 노동과 나란히 생산요소의 하나로 여겨지고, 마르크스 경제학에서는 가치의 자기증식 운동체를 의미하고 있다. 어찌 되었든 생산에 의한 가치 창출의 밑천을 의미하는 것이라 보면 좋을 것이다. 이 자본의 개념과 현재 사용되고 있는 '인재=인적자본'의 의미는 다르다. 현재의 '인재=인적자본'은 신자유주의 경제학(신고전파 경제학)의 인적자본론에 따른 것이며, 그 대표적인 이론가는 시카고대학교의 게리 베커(1930~2014)이다.

베커는 지금까지의 경제학이 금전과 경제 현상만을 대상으로 삼은 것에 비해, 인간 행동 일반과 사회현상의 모든 것을 대상으로 삼고, 가족, 사회, 마약, 범죄, 연애, 자살까지 모든 것을 '비용편익분석(cost benefit analysis)'으로 설명할 수 있다고 주장했다. 그 예로, 범죄에 있어서도 범죄에 따른 기대 편익이, 범죄에 드는 비용과 범죄로 체포될 위험의 승수보다 크면 사람은 범죄를 하고, 적으면 범죄행위를 하지 않는다는 결론을 지었다. 마찬가지로 베커는 바람기의 경제학도 다루었는데, 바람을 피우는 데 따르는 기대 편익이, 거기에 드는 비용과 위험의 승수보다 클 때, 사람은 바람을 피운다고 해석하고 있다. 이 연구가 한창 진행될 때 베커가 바람을 피워서 그의 부인이 충격으로 자살을 하자, 베커는 자살의 경제학도 저술한 것으로 알려져 있다. 이처럼 베커는 시장경제의 원리에 기초하여 사람의 행동은 모두 비용편익분석으로 합리적이고 과학적으로 설명할 수 있다고 주장하고 있다.

베커는 '인적자본'론의 제창자로서, 같은 시카고대학의 신고전파 경제학자인 밀턴 프리드먼(1912~2006)과 나란히 신자유주의 교육개혁에 영향을 준 인물이었다. 베커는 '인적자본'을 '장래의 화폐적·정신적 소득, 양자에 영향을 주는 활동들'로 정의하고, '투자로서의 교육'을 '비용편익분석'의 대상으로 설정하고 있다. 베커에 의하면, '투자로서의 교육'은 장래의 '일반 직업능력'과 '특수 직업능력'을 형성하고, 개인과 기업에 '편익'을 가져온다는 것이다. 그리고 그는 교육으로 얻어진 달성감과 행복감에 대해서는 '소비재로서의 교육'의 범주로서, 교육의 대상에서 제외하고 있다.

베커의 '인적자본'에 대해 예전에 우자와 히로후미(1928~2014)는 '인간을 매매하는 시장론'이라고 말하면서, '반사회적·비인간적 연구'라고 통렬하게 비판했다. 베커의 '인적자본' 이론은 사람에 대한 교육을 '투자'와 '편익'이라는 경제학의 대상으로 놓고 수학 모델이자 과학화하는 이론으로서, 베커 자신이 직접적으로 사람을 '상품'

으로서 논의한 것은 아니다. 그러나 베커는 사람도 공장이나 기계처럼 생산성을 높이는 '자본'이자 '투자'의 대상으로 삼는다는 전제에서서 '인적자본'이라는 사고방식을 이끌어냈다.

그리고 '인적자본(human capital)'이라는 말은 베커가 창조한 개념이 아니라 아담 스미스가 최초로 사용한 개념으로, 아담 스미스가 말하는 '인적자본'은 사람이 교육으로 인해 획득하는 기능이나 능력을 의미했다. 칼 마르크스도 노동자가 노동력을 '상품'으로 파는 수밖에 없는 노동의 모순에 대해서 지적했다. 그러한 것에 대해서 베커는 '인적자본'으로서의 인간 그 자체가 시장에서 '자본'으로서 기능하고, '상품'으로서 기능하는 길을 연 것이다. 그 의미에서 베커의 '인적자본' 이론을 '인간을 매매하는 시장론'이라고 한 우자와 히로후미의 비판은 타당하다고 생각한다.

'인재' 개념의 변용

예전의 '인적능력(manpower)'으로서 '인재'와 현재의 '인적자본(human capital)'으로서 '인재'는 분명하게 차이가 있다. '인적능력'으로서 '인재'에서는 교육에 의해 높은 지식이나 기술을 익힌 사람이 '자본'이 되고, 인적능력 개발 정책(manpower policy)에 따라 고도의 능력을 육성하는 것이 요구되었다. 거기에 비해서 현재의 '인적자본'

으로서 '인재'에서는 '인재' 그 자체가 '자본'이며, 기업에서도 시장에서도 '인재=자본'으로서 이익을 만들어낼 것이 요구된다. 이 '인적자본' 개념은 이미 일본에서도 정책화되고 있다. 경제산업성의 '지속적인 기업 가치의 향상과 인적자본에 관한 연구회 보고서(2020년 9월)'에는 '인재의 재(材)는 재(財)라는 인식'에 따라 '인적자본'을 논의했다고 분명하게 말하고 있다.

베커의 '인적자본'론은 두 가지 측면에서 세계 교육개혁의 중심 개념이 되고 있다. 하나는 '교육=투자'이자 '비용편익분석'의 대상이라는 이론이며, 또 하나는 '사람=자본=상품'이라는 '인적자본'의 사고방식에 따른 교육개혁의 추진이다.

'교육=투자'라는 '비용편익분석'에서 세계 교육개혁에 최근 가장 큰 영향을 준 것이 프리드먼, 베커와 같은 시카고학파의 제임스 헤크먼(1944~)이다. 그의 〈유아교육의 경제학〉이라는 저서는 세계 여러 나라에서 베스트셀러가 되었다. 이 책에서 헤크먼은 '인적자본 투자의 수익률'을 계산하여 유아교육에 대한 투자가 가장 수익률이 높다는 것과, 유아교육에서는 '인지적 능력'보다 '비인지적 능력' 쪽이 수익률이 높음을 보여주었다.

헤크먼이 제시한 연령 단계별 '인적자본 투자의 수익률'을 보면, 태아 때와 0세부터 5세까지가 가장 높고, 나이를 먹을수록 내려가는 그래프를 볼 수 있다. 학교를 졸업한 후의 '인적자본 투자의 수익률'은 더욱 내려가고 있다(특히, 태아 때의 '인적자본 투자'는 모친의 건강과 영양에 대한 지출을 보여주고 있다).

헤크먼의 연구는 세계 각국에서 유아교육의 의무화와 무상화를 추진하는 힘이 되었다. 일본에서도 이로써 유아교육 무상화 정책의 근거를 마련하게 되었다. 그리고 일본의 보육과 유아교육은 애초에 민영화에 의해 거대 시장을 형성하고 있지만, 보육 기업, 유아교육 기업의 사업 대부분이 헤크먼의 이론을 기초로 하여 전개되고 있다.

헤크먼의 연구가 유아교육의 의의와 '비인지 능력'을 기르는 것의 의의를 일반에게 알린 점은 귀중한 공헌이라고 할 수 있다. 그러나 그의 연구에는 몇 가지 검토해야 할 사항들이 남아 있다.

하나는 〈유아교육의 경제학〉이라는 일본어 번역의 문제이다. 원저는 〈Giving Kids a Fair Chance : A Strategy that Works〉(2013)로, 직역하면 '아이들에게 공평한 기회를 주는 것 : 유효한 방책'이며, 반드시 '교육 경제학'을 논한 것은 아니었다. 그러나 이 책에서 헤크먼이 '인적자본 투자의 수익률'에 따라 유아교육의 가치를 논했기 때문에, 사람들의 관심이 투자 효과 쪽으로 가버린 것이다.

또 하나는 실증적인 데이터의 신뢰성 문제이다. 헤크먼이 '인적자본 투자의 수익률' 데이터의 근거로 삼은 것은 1962년부터 1967년에 미시간 주 입실란티 시 페리 유치원에서 실시한 '페리 취학전교육 계획(Perry Preschool Project)'의 실험 결과였다. 프로그램에 등록된 3세부터 4세까지의 유아는 123명이며, 모두 IQ가 70에서 85까지인 아프리카계 미국인 빈곤층 아이들이었다. 이 아이들은 프로그램 종료 후 40년에 걸쳐서 추적 조사가 이루어졌다. 헤크먼은 이 실험의 데이터에 따라 '인적자본 투자의 수익률'을 계산하고, 유아교육 프로그램 비용 1달러당 7.16달러의 리턴(수익=개인소득)이 있었다고 결론짓고 있다.

여기에서 지적하고 싶은 것은 1962년부터 1967년이라는 시기에 아프리카계 미국인 유아교육에 대한 투자 효과를, 오늘날 유아교육에 대한 투자 효과와 동일시할 수 없다는 점이다. 아프리카계 미국인에게 백인과 동등한 대우를 인정한 공민권법이 제정된 것이 1964년, 존슨 대통령이 '빈곤과의 전쟁'을 정책화하여 헤드스타트 계획(빈곤지역의 취학전교육 계획)을 시작한 것이 1965년이다. 교육의 기회균등 실태 조사를 한 '콜맨 리포트(1967년)'는, 학력 격차는 취학 전의 가정교육에 주요한 요인이 있다고 보고했다. 그 시기의 아프리카계 미국인 빈곤층 유아에 대한 교육 프로그램이 투자 효과가 높은 것은 놀랄 것도 없이 당연한 결과이다.

또 하나는 투자 효과의 '리턴(=이익)'을 그 후 40년간의 개인소득에서 구하고 있다는 점이다. 교육 효과는 두 가지 차원을 지니고 있다. 하나는 그 후 개인의 수익(소득)으로 측정되는 '내부 수익(내부 효과)'이다. 또 하나는 개인의 '내부 수익' 밖에서 얻는 효과인 '외부 수익(외부 효과)'이며, 교육으로 인해 범죄가 줄거나 사회의 교양 수준이 높아지거나 민주주의가 유지되고 발전하는 등의 효과이다. 교육의 '외부 효과'는 결코 작지 않지만, 여러 가지에 걸쳐 있어서 복잡하고 수치화하는 것이 곤란하기 때문에 교육의 투자 효과 비용편익분석에서는 무시되는 경향이 있다. 헤크먼의 연구에서는 교육의 투자 효과가 가정이나 학교, 지역, 회사에까지 영향을 미친다는 것에 대해서 언급은 하고 있지만, 수치화되어 있는 것은 내부 수익뿐이다. 교육투자의 편익을 개인 중심이 아니라 사회 중심으로 설정하면, 교육투자 효과가 연령을 따라가면서 하강하는 결과는 역곡선을 그릴지도 모른다.

어찌 되었든 헤크먼의 연구가 미친 큰 영향 중 하나는 아이를 '자본=재(財)', 교육을 '투자'로 간주하고, 그 투자 효과(비용편익분석)에 따라 교육의 실천과 정책을 평가하는 사고 스타일을 보급시킨 데 있다고 할 수 있을 것이다. 헤크먼의 연구가 출판된 것이 2013년, 일본에서 번역 출판된 것이 2015년이니까 불과 10년이 안 되는 사이에 '인적자본'의 사고방식은 광범위한 사람들에게 침투했다는 것을 알 수 있다.

'인적자본'론이 가져온 또 하나의 영향은 아이(사람)를 상품으로서 시장에서 기능하도록 하는 사고방식이다. 이 점이 이전의 '인적능력(manpower)'의 '인재' 개념과 다르다는 것을 지적했다. 이전의 '인적능력'에서 '인재'의 대상은 우수한 아이들이며, 훌륭한 노동능력으로서의 높은 지식과 기능 교육이 요구되었다. 그러나 현재, '인적자본=상품'으로서 교육시장에서 거래의 대상이 되고 있는 것은 모든 아이들이며, 게다가 개발도상국의 아이들, 빈곤층의 아이들, 저학력 아이들 그리고 장애를 안고 있는 아이들이다. 그것은 IT 산업과 교육산업의 글로벌 네트워크가 타깃으로 하고 있는 아이들이, 아프리카나 중남미, 동남아시아 등 개발도상국의 아이들이며, 선진국에서는 빈곤 지역의 아이들과 저학력 아이들에게 집중되어 있다는 것이 단적으로 보여주고 있다.

IT 산업과 교육산업의 글로벌 네트워크를 연구해온 런던대학교의 스티븐 볼은, 글로벌 네트워크에서 교육의 '빅 비즈니스' 표어가 박애주의로 이야기되고 있다는 점에 주의를 불러일으킨다. 학교에 다니지 못하는 아이들이 많은 남아시아 지역과 아프리카 남부 지역에 대해서는 '모든 아이에게 배움의 기회를' 이라 외치고, 선진국의 빈곤 지역에서는 '차별과 격차를 뛰어넘는 배움의 보장', '평등하고 공정한 교육을 모든 아이들에게' 라고 호소하는 것이다. 이러한 문장이나 표어만 읽으면 교육의 '빅 비즈니스' 는 유니세프나 유네스코처럼 비영리사업인 것으로 보인다. 그러한 박애주의 표어에 따라 IT 기업과 교육기업은 개발도상국의 교육개혁과 빈곤 지역의 학교개혁에 참여하고 있다. 게다가 오늘날 IT 산업과 교육기업은 각기 독자적으로 사업을 전개하고 있는 것이 아니라, 서로 연대한 글로벌 네트워크에 의해 기업 활동을 추진하고 있다. 그 글로벌 네트워크에는 IT 산업과 교육산업에 해당하는 기업만이 아니라, Bill&MGF 같은 공익재단, 각국의 교육부 등 정부기관, 나아가 세계은행과 유네스코나 유니세프 같은 국제기관도 편입되어 사업을 전개하고 있다. 난민 지역의 의료지원에 있어서도 유엔이나 유니세프 등의 사업에 다수의 공익재단, 정부기관, 제약회사가 글로벌 네트워크를 형성하여 참가하고, 제약

회사의 기업 이윤이나 정부의 이권이 우선시되는 상황이 몇몇 보고서에서 보고되고 있다. 그것과 마찬가지의 구도가 교육 글로벌 네트워크에서도 생기고 있는 것이다.

ICT 교육의 현재와 미래

경제산업성이 주도하는 ICT 교육

일본에서 제4차 산업혁명과 ICT 교육을 주동하며, 이를 추진하는 역할을 맡고 있는 것이 경제산업성이다. 지금까지 경제산업성은 교육과는 전혀 관계가 없었는데, 제4차 산업혁명(소사이어티 5.0)에 대한 대응으로 2016년에 '교육산업실'을 설치, 2018년에 개설한 '〈미래 교실〉과 EdTech연구회'에서 교육개혁의 수요한 에이전트가 되어 'GIGA 스쿨 구상(2019년)'을 문부과학성, 경제산업성, 총무성 세 기관 합동으로 실현시켰다. 일본의 ICT 교육을 주도해온 것은 문부과학성이라기보다 경제산업성이라고 해도 좋을 것이다.

경제산업성 내에 조직된 '〈미래 교실〉과 EdTech연구회'는 2018년 6월에 '제1차 제언', 같은 해 11월에 〈미래 교실〉 프로젝트로 본 EdTech와 STEAM 교육의 과제', 2019년 6월에 '제2차 제언', 2020년 9월에 '경제산업성 〈미래 교실〉 프로젝트−교육혁신 정책의 현재 지점'을 발표하였다. 그 외에도 2020년 3월에는 코로나19에 대한 대응으로서 휴교 지원 '배움을 멈추지 않는 미래 교실' 사업을 시행, IT 기업으로부터 교육 지원 서비스를 제공하였다. '〈미래 교실〉과 EdTech연구회'는 문부과학성과의 협력을 주장한 사업이지만, 프로젝트를 주도해온 것은 경제산업성이다. ICT 교육에서 문부과학성이 주도권을 잡은 것은 2018년 7월의 'GIGA 스쿨 구성에 대해서'만이라고 말할 수 있다.

경제산업성이 제창한 '미래 교실'의 ICT 교육을 구체적으로 검토하기 전에, 그 제도적 구조를 알아보자. **그림 9**는 경제산업성의 '미래 교실' 추진 체제의 구조도이다. 이 그림에 제시되어 있는 것처럼, 경제산업성의 '미래 교실'은 '학교교육'과 '교육산업'과 '산업계, 대학·연구기관'을 교차해서 일체화하는 체제 만들기가 중심 목표이다. 이 구조도에서 왼쪽 타원은 문부과학성 소관의 영역, 오른쪽 타원의 '교육산업'과 아래의 '산업계'는 경제산업성 소관의 영역이다. 그 세 개를 교차하여 일체화한 중앙의 원이 'GIGA 스쿨 구상'이다. 종래의 문부과학성(공교육)과 경제산업성(교육산업)과 산업계(IT 산업) 사이의 벽을 걷어치우고, '경제산업성과 문부과학성의 협력'으로 추진되는

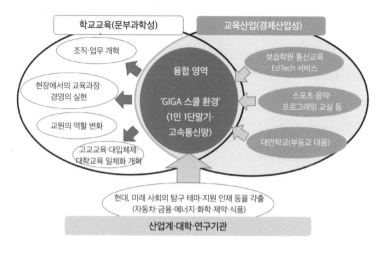

그림 9 '미래 교실'의 추진 체제
출처 : 경제산업성 '미래 교실'을 기초로 작성

ICT 교육이 곧 '미래 교실'이자 'GIGA 스쿨 구상'인 것이다.

'미래 교실'은 1인 1대의 단말기를 준비하는 GIGA 스쿨 구상에 따라 일순간에 현실화되고 있다. 공교육과 교육산업과 IT 산업이 경계 없이 일체화한 지점에, GIGA 스쿨 구상과 '미래 교실'이 위치하고 있다는 점이 중요하다.

세 개의 기둥

〈미래 교실〉과 EdTech연구회'의 ICT 교육의 기둥은 '배움의 자립화·개별 최적화'와 '배움의 STEAM화', '새로운 학습기초 만들기'이 3가지이다.

'배움의 자립화·개별 최적화'는 일제식 수업에서처럼 교실의 전원이 같은 내용을 같은 시간에 배우는 것이 아니라, '학습자 중심'의 '자습'을 통해 한 사람 한 사람에 꼭 맞는 내용과 속도로 배우는 '개별 최적화'를 행하는 것을 의미한다. 즉, '배움의 자립화'는 '자습', '개별 최적화'는 한 사람 한 사람에게 맞춘 배움의 개별화이다. 이 두 가지 가운데 경제산업성이 구상 초기부터 '미래 교실'에서 내세운 것은 '개별 최적화'이다.

'학습의 개별화'는 새로운 생각은 아니다. 약 50년 선에 '학습의 개별화'는 수업 개혁의 중심 주제 중 하나였다. 대표적인 방식은 두 가지로 B. F. 스키너(1904~1990)의 프로그램 학습과 벤저민 블룸(1913~1999)의 '완전학습(mastery learning)'이다.

스키너의 프로그램 학습은 교육공학의 티칭 머신의 출발점이 되었다. 프로그램 학습은 '조작적 조건화', '스몰 스텝', '즉각적 피드백'의 원리로 기초가 잡혀 있다. '조작적 조건화'란 수동적으로 자극－반응의 학습을 행하는 것이 아니라, 해답 단추를 누르는 것처럼 특정한 능동적 활동에 따라 자극－반응－강화의 학습을 하는 것을 의미한다. '스몰 스텝'의 원리는 학습 단계를 세분화하고 직선화하여 하는 것, '즉각적 피드백'은 해답 단추를 누르면 그 자리에서 바로 정답인가 아닌가를 피드백하는 것이다. 이렇게 해서 스키너는 티칭 머신에 의한 '학습의 개별화'를 실현했다(현재의 ICT 교육 프로그램의 대부분은 스키너의 프로그램 학습과 유사하다).

블룸의 '완전학습'이란 '교육목표의 분류학(taxonomy)'과 '형성적 평가'를 동반한 '학습 개별화'를 통해, 90% 이상의 학생이 '완전 습득'을 달성하도록 추구한 방식이다. 블룸은 초등학교에서 고등학교까지 교과의 모든 내용을 잘게 세분화하여 행동 목표로 분류하고(taxonomy), 세분화한 목표의 달성도에 맞추어 한 명 한 명의 학습 과정을 평가하여(형성적 평가), '학습의 개별화'를 행함으로써 누구나 '완전 습득'의 학습을 실현할 것을 추구했다.

'미래 교실'에서 추구하고 있는 '개별 최적화'는 일찍이 '프로그램 학습'과 '완전학습'에서 해온 '학습 개별화'와 그다지 다르지 않음을 볼 수 있다. 그러나 '개별 최적화'가 종래의 '학습 개별화'와 다른 것은 AI와 IoT와 빅데이터에 의해 통제된 배움이라는 것이다.

현재, 구글은 모든 학습자의 초등학교 1학년부터 고등학교 3년까지의 학습 이력에 대한 빅데이터를 보유하고 있다. 그 빅데이터와 AI 기술에 의해 한 명 한 명에게 최적의 교육 프로그램을 제공하는 것이 이론적으로 가능하며, 그 장점에 의해 해외의 ICT 기업과 교육기업은 학교교육에 진출하고 있다. 그 기술적으로 세련된 ICT 교육과 비교하면, 경제산업성이 추진하고 있는 '미래 교실'은 20년 전의 '과거 교실'의 IT 교육으로 보인다.

똑같은 일은 문부과학성이 추진하는 ICT 교육에서도 볼 수 있다. '1인 1단말기'라는 GIGA 스쿨 구상도 중국에서는 10년 전에 실현하였으며, 디지털 교과서의 100% 보급도 20년 전의 ICT 교육 수준이라, IT 산업에 대한 자금 제공 이상의 의의를 찾아볼 수 없다. 총무성은 지금 마이 넘버(my number, 사회보장·납세자 관리 제도에서 특정 개인을 식별하기 위해 국민 개개인에게 할당한 번호. 개인번호, 공통번호라고도 한다−옮긴이)에 학교생활기록부 정보를 기록할 것을 계획하고 있지만, 그 정도의 '빅 데이터(?)'로 '개별 최적화'의 배움이 실현될 거라고는 생각하지 않는다.

'개별 최적화' 그 자체도 바로잡을 필요가 있다. 제4차 산업혁명에 대응할 수 있는 '21세기형 배움'은 '개별 최적화'의 배움은 아니기 때문이다. 해외의 IT 기업과 교육산업도 거의 15년 전까지는 한 명 한 명이 컴퓨터를 앞에 두고 학습하는 '개별 최적화' ICT 교육을 추진하고 있었다. 그렇게 하면 한 교실에 50명에서 80명도 들어가고, 컴퓨터로 교사를 대체함으로써, 교사를 해고하는 것으로 기업 이윤을 올리는 것이 가능했기 때문이다. 그러나 그 방식으로는 교육 효과가 빈약하다는 것을 알고, 최근에는 많은 ICT 교육 프로그램이 '협동학습'과 '개별 최적화'를 조합하여 실시하고 있다. 기업 이윤을 보호하고 유지하기 위해서 '개별 최적화' 교실은 80명에서 100명이 되어

야겠지만, 다른 한편에서 20명 규모의 교실에서 '협동 학습'도 준비하고 있다. 그러한 방식과 비교해도 '미래 교실'의 '학습의 자립화·개별 최적화'는 해외 여러 나라와 같은 빅데이터와 AI 제어를 동반하지 않는 점에서, 50년 전의 '프로그램 학습'이나 '완전학습'과 유사한 '학습의 개별화' 영역을 벗어나지 못하고 있다. 게다가 협동 학습과의 연결성을 잃고 있다는 점에서도 15년 전 ICT 교육의 수준을 넘어서지 못하고 있다.

'미래 교실'의 세 기둥 중 하나인 '학습의 STEAM화'에 대해서도 검토가 필요하다. 'STEAM'이란 과학(Science), 기술(Technology), 공학(Engineering), 예술(Art), 수학(Mathematics)을 '문리 융합'한 배움을 의미한다. 이 'STEAM'은 원래 2003년에 미국의 국립과학재단이 당시 대량으로 부족했다고 알려진 지도적인 '하이테크 인재' 육성을 목적으로 한 'STEM'에서 유래, 'STEM'에 예술(Art)을 더하여 성립했다. 'STEM'은 미국에서 과학기술의 종합학습으로 발전하여 2010년대에 캐나다, 오스트레일리아, 말레이시아, 중국 등 세계 각국에 보급되었다. 'STEM'이든 'STEAM'이든 과학기술(과 예술)의 융합 분야에 대한 흥미와 관심을 높여 '하이테크 인재'를 육성하는 것이 목적인 종합학습이며, ICT 교육과는 관계없는 교육 프로젝트이다.

경제산업성의 '미래 교실'의 세 기둥 중 하나에 왜 'STEAM'이 자리 잡고 있을까? 왜 'STEAM'이 ICT 교육의 기둥이 되는 것일까? 지금까지 해외의 많은 학교에서 STEM 수업을 참관해온 나로서는 이해하기 힘들다. 나의 잘못된 추측일지도 모르겠지만 어쩌면 '문리 융합'으로, '교과 횡단적'인 '종합학습'이라는 콘셉트로, '미래 교실'에 투자하고 참여한 IT 기업과 교육기업의 인센티브를 높이는 것이 경제산업성의 목적이 아닌가 하는 생각이 든다. 예술과 과학기술의 융합, 교과 횡단적인 종합학습의 '두근두근 설레는 배움'이라는 콘셉트는 IT 기업과 교육기업 사람들의 멘탈리티와 합치하고 있기 때문이다.

'미래 교실'의 세 번째 기둥인 '새로운 학습기초 만들기'는 '개별 최적화', 'STEAM' 이 두 가지를 실현하는 기초 만들기이며, IT 환경의 정비와 IT 기술에 의한 학교 경영의 합리화와 효율화가 제안되고 있다.

이상이 경제산업성의 〈미래 교실〉과 EdTech연구회'의 제안과 사업 개요이다. 경제산업성은 스텝 1로 '학습의 자립화·개별 최적화'와 '학습의 STEAM화 선진 사례 창출(2018~2022년도)', 스텝 2로 '1인 1단말기의 GIGA 스쿨 구상(2020년도 내)', 스텝 3으로 'EdTech 도입 보조금(2020~2022년도)'을 들고 있다. 'EdTech 보조금'은 초중고 3만 6000개 학교의 약 12%(4304개 학교)에 경제산업성과 EdTech 기업이 절반씩 보조금을 내어 'EdTech 시험 도입'을 도모한다는 것이다.

이러한 일련의 '미래 교실' 프로젝트가 성공할 것인가는 미지수이다. 제4차 산업혁명에 의한 ICT 교육을 추진하는 데 있어서 빅데이터의 집적은 불가결하지만, SNS에서 메일에 이르기까지 개인정보 전부가 국가에 집약되는 미국이나 중국과 달리, 개인정보가 엄격하게 보호되고 있는 일본에서는 한 명의 보호자라도 반대하게 되면 아이의 이름, 주소, 전화번호조차 IT 기업이나 교육기업이 수집하는 것은 불가능하다.

그리고 자금원 문제도 있다. GIGA 스쿨만으로 재정이 핍박한 도도부현 교육위원회나 시정촌 교육위원회에서 '미래 교실'을 추진할 여력이 있을까? 설령 IT 기업과 교육기업이 초기 출자를 했다고 하더라도 보조금 기간이 종료되면 이후의 관리·유지와 기술 지원에 필요한 재원은 교육위원회가 부담하지 않으면 안 된다. 그렇게 되면 '미래 교실'은 최종적으로 공립학교를 IT 기업이나 교육산업에 팔아넘기든지 위탁하는 것 외에 달리 계속할 길이 없는 것은 아닐까?

경제산업성은 '미래 교실'을 국내 IT 산업과 교육산업을 지원하고 진흥할 목적으로 추진하고 있다. 그러나 '미래 교실'이 국내의 틀에 머무는 일은 불가능할 것이다. 지금까지 일본의 교육시장이 세계 거대 IT 산업과 교육산업으로부터 안전했던 것은 일본의 교육시장 규모가 의외로 작기 때문이기도 하지만, 무엇보다 문부과학성이 공교육을 옹호하여 IT 기업이나 교육기업의 침입을 막아온 덕택이다. 그러나 경제산업성의 '미래 교실'은 '학교교육'과 '교육산입'과 '산업계'의 벽을 허무는 것으로 지금까지 공교육을 옹호해온 방어벽을 제거해버렸다.

'미래 교실'은 머지않아 IT 기업과 교육기업의 글로벌 네트워크에 의해 국내 IT 기업과 교육기업이 점령당하는 길을 여는 일이 될 것이라고, 나는 예측하고 있다. 베네세는 일본의 최대 교육기업이지만, 피어슨 등 해외 거대 기업에 대면 비교도 안 될 정도로 규모에 차이가 난다. 한순간에 글로벌 네트워크에 흡수될 것이다. IT 기술, AI 기술, 빅데이터의 집적, 그 어느 것에서든 ICT 교육의 글로벌 네트워크에 맞붙을 기업은 국내에 하나도 존재하지 않는다. 경제산업성의 '미래 교실'은 이 딜레마에 어떻게 대응해나갈까?

ICT 교육의 효과는?

미래를 향한 꿈과 테크놀로지 신화에 물든 ICT 교육이지만, 그 교육 효과는 어떨까? 과연 아이들의 배움의 질을 높이는 것이 되고 있을까? 그리고 '미래 교실'은 컴퓨터가 교사를 대신하는 '개별 최적화' 교실인 것일까?

컴퓨터의 교육 효과에 대한 실증적 연구는 의외일 정도로 적은 것이 현재 상황이다. 그 중에서 가장 신뢰할 수 있는 실증적 연구는, OECD가 실시한 PISA 2012의 빅데이터를 활용한 PISA조사위원회의 분석 결과(2015년)이다. **그림 10**과 **그림 11**은 그 조사 결과를 나타낸 그래프이다. 조사 대상이 된 나라는 실선(컴퓨터 회답)이 OECD 가맹 20개국, 점선(종이 매체 회답)이 OECD 가맹 29개국으로, **그림 10**이

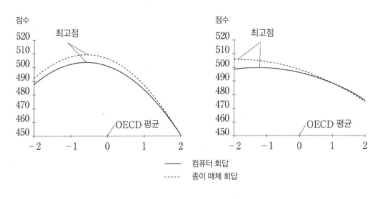

── 컴퓨터 회답	
┈┈ 종이 매체 회답	

그림 10 독해 리터러시   그림 11 수학 리터러시

출처 : PISA, Students, Computers and Learning : Making the Connection, 2015.

독해 리터러시의 결과, **그림 11**이 수학 리터러시의 결과이다. 둘 다 그래프의 가로축(X축)이 학교에서 컴퓨터 활용 시간을 지수로 나타낸 것이며, 세로축(Y축)이 PISA 학력 조사의 성적을 나타내고 있다.

조사 결과는 독해 리터러시에서도 수학 리터러시에서도 학교에서 컴퓨터 활용 시간이 길어지면 학력은 낮아지고 있음을 보여준다. 즉, 학교에서 컴퓨터를 활용하는 시간과 학력 테스트의 결과는 역상관을 나타내는 것이다. ICT 교육에 의한 배움은 일반에서 기대하고 있는 것만큼 효과를 보지 못하고 있다는 것을 알 수 있나.

문제는 왜 이러한 결과가 되고 있는 것인가에 있다. 이 문제에 대해서 PISA조사위원회는 컴퓨터는 정보나 지식 획득과 낮은 이해에는 유효하지만, 깊은 사고나 탐구적인 배움에는 유효하지 않다는 해석으로 답하고 있다. 확실히 이 해석은 타당하다. 새로운 정보나 지식을 획득할 때 컴퓨터의 인터넷과 검색 기능은 아주 유효하다. 그 의미를 이해하는 데 있어서도 컴퓨터는 유효하다. 그러나 그 정보나 지식을 활용하여 문제를 해결하거나, 그 지식에 대해 비판적 사고를 하거나, 탐구적 사고를 발전시키는 배움에서 컴퓨터는 유효하다고 할 수 없다. 비판적 사고나 탐구적 사고에 의한 배움은 얼굴과 얼굴을 맞대고 하는 협동적 배움이 가장 유효하기 때문이다.

이 조사 결과에 대해서 나는 또 하나의 다른 해석을 가지고 있다. 현재의 컴퓨터 활용 방식이 잘못되어 있다는 해석이다. 현재 보급하고 있는 ICT 교육 프로그램의 대부분은 컴퓨터를 '가르치는 도구'로 활용하는 프로그램이다. 그러나 컴퓨터는 '가르치는 도구'가 아니라 '배우는 도구(사고와 표현의 도구)'로 활용할 때 훌륭한 교육 효과를 발휘한다. 컴퓨터를 '가르치는 도구'가 아니라 '배움의 도구' 혹은 '탐구와 협동의 도구'로 활용할 방도를 탐색할 필요가 있다.

컴퓨터를 '가르치는 도구'로 삼는 컴퓨터 교육(CAI, Computer Assisted Instruction)과 '배움의 도구'로 삼는 컴퓨터 교육(CAL, Computer Assisted Learning)은 컴퓨터가 교육에 도입된 이래 두 가지 대립하는 전통을 형성해왔다.

CAI로서 컴퓨터 교육의 전통은 앞서 말한 B. F. 스키너가 1950년대에 개발한 티칭 머신을 기원으로 하고 있다. 스키너는 철저한 행동과학 심리학자로, 배움을 '자극(Stimulus) — 반응(Response) — 강화

(Reinforcement)'라는 S-R-R 이론으로 정식화하였다. 그리고 '조작적 조건화', '스몰 스텝', '즉각적 피드백'의 원리로 아이들이 기계를 사용하여 학습하는 '프로그램 학습'을 개발하였다. 그러나 현재 이 S-R-R 이론을 믿고 있는 학습과학 연구자는 없다. S-R-R 학습이론은 쥐를 통한 동물실험에 기초한 이론이며, 언어나 상징을 활용하는 인간의 배움에서는 설령 S-R-R로 배움이 성립했다 하더라도 그 기억은 단기 기억에 불과하다는 것이 알려졌기 때문이다. 그러나 스키너의 학습이론은 컴퓨터 교육 영역에서는 오랫동안 살아남아 '가르치는 도구(CAI)'로서 컴퓨터 교육의 전통을 만들어내고 있다. 현재의 ICT 교육 프로그램을 조사해보면, 그 대다수가 스키너의 프로그램 학습을 계승한 전통적 모델임을 알 수 있을 것이다.

그에 비해서 컴퓨터를 '사고와 표현의 도구'로 여기는 컴퓨터 교육이 또 하나의 전통을 형성하고 있다. 그 출발점은 아이들이 사고하고 탐구하는 컴퓨터 언어 LOGO를 1967년에 개발한 시모어 페퍼트(1928~2016)이다. 페퍼트는 MIT(매사추세츠공과대학)의 수학자였는데, 장 피아제(1896~1960)와 협동 연구를 하고, 피아제의 구성주의 학습이론을 컴퓨터 교육으로 실현하였다. 그 이후 아이들이 컴퓨터를 도구로 삼아 창조적인 동시에 구성적으로 사고하고 탐구하는 프로그램 개발이 진전하였다. '퍼스널 컴퓨터'를 개발하여 '컴퓨터 리터러시'라는 말을 만들어낸 앨런 케이(1940~)도 페퍼트에게 배운 구성주의 학습이론에 따라 컴퓨터 교육을 추진하였다. 그리고 스크래치

(Scratch)라 불리는, 아이들이 사고하고 표현하는 도구를 개발하여 현재의 컴퓨터 교육을 이끌고 있는 미첼 레스닉(1956~)도 페퍼트에게 배운 구성주의 학습이론을 계승하고 있다. 이러한 '사고와 표현의 도구(배움의 도구)'로서 컴퓨터 교육(CAL)은 구성주의 학습이론에 입각하고 있으며 피아제, 듀이(1859~1952), 비고츠키(1896~1934), 브루너(1915~2016)의 학습과학을 바탕으로 하고 있다.

컴퓨터 교육의 이 두 가지 대립하는 전통은 현재 ICT 교육에서도 재생산되고 있다.

IT 기업이나 교육기업이 개발해서 제공하고 있는 ICT 교육은 '가르치는 도구'로서 컴퓨터 교육의 전통을 계승한 것이 압도적으로 많다는 점이 특징이다. 왜 그럴까? 그 최대 이유는 IT 기업이나 교육기업이 추진하는 ICT 교육은 결국 교사의 대체재를 컴퓨터에서 찾고 있기 때문이라고 생각한다. 교사의 역할을 컴퓨터에 맡김으로써 IT 기업과 교육기업은 교사의 인건비 부분을 수익으로 높이는 것이 가능하다. 그 때문에 IT 기업과 교육기업의 ICT 교육은 기계적인 배움이 되기 쉽다. 어떤 교육 프로그램은 한자나 계산의 반복 연습을 ICT 교육의 콘텐츠로 삼고 있었다. 한자나 계산이라면 아이들이 연필과 노트를 사용하고, 신체 작업을 동반해서 배우는 쪽이 효과가 있다는 것이 명백하지만, 그러한 희한한 배움을 ICT 교육은 현실화하고 있다.

디지털 교과서도 마찬가지이다. 중국 상하이의 한 초등학교에서 참관한 디지털 교과서를 이용한 영어 수업은 인상적이었다. 이 디지털 교과서를 개발한 것은 옥스퍼드대학교이다. 이 디지털 교과서는 정말로 잘 구성되어 있어서 한 시간 수업을 시작하는 인사부터 마지막 인사까지, 전부 디지털 교과서에 비주얼로 짜여서 들어 있다. 디지털 교과서의 시작 버튼을 누르면, 그 후 교사의 활동과 아이들의 활동은 전부 디지털 교과서대로 진행된다. 교사의 지시나 질문도 디지털 교과서대로, 아이들의 활동도 모두 디지털 교과서대로이다. 모둠 활동도 여러 곳에 활동지를 넣어두고, 그 작업 시간에는 조용한 배경음악도 흘러나온다는 식이다. 무엇이든 프로그램이 되어 있는 이 디지털 교과서는 '가르치는 도구'로서 컴퓨터를 활용한 ICT 교육의 가장 세련된 형태라고 말할 수 있을 것이다.

그에 비해서 '배움의 도구(사고와 탐구와 협동의 도구)'로서 컴퓨터를 활용한 ICT 교육에서, 컴퓨터는 교사를 대체하는 것이 아니다. 교사는 '배움의 디자인', '배움의 코디네이션', '배움의 리플렉션'이라는 3가지 역할을 담당하고 있다. 이 디자인, 코디네이션, 리플렉션은 어느 것 할 것 없이 창조적이고 탐색적이고 즉흥적인 활동이며, 컴퓨터로 대체할 수 있는 것이 아니기 때문이다. 그 예로 같은 중국에서도 베이징의 '배움의 공동체 개혁(필자가 1992년 이래 제창하고 있는 학교개혁)'을 추진하고 있는 학교의 '2차 함수와 그래프' 수업에서는, $y=ax^2+bx+c$에서 정수인 a, b, c 각각을 변화시킨 포물선을 태블릿의 시뮬레이션으로 조작하여 a의 의미, b의 의미, c의 의미를 모둠에서 협동적으로 탐구하는 배움을 전개하고 있었다. 아이들은 한 명 한 명

자신의 태블릿 시뮬레이션으로 사고하고, 그 사고를 모둠에서 서로 듣고 탐구하는 배움을 수행하고 있었다. 이 ICT 교육에서 컴퓨터는 '가르치는 도구'가 아니고, '배움의 도구'이자 '사고와 표현의 도구'이며 '탐구와 협동의 도구'로 기능하고 있다.

안타깝게도 일본의 ICT 교육 프로그램에서는 아직 '사고와 표현의 도구'로서 CAL 모델은 약하고, '가르치는 도구'로서 CAI 모델의 전통이 지배적이다. 액티브 러닝의 추진이 요구되고 있는 현재, '사고와 표현의 도구'로서 ICT 교육 프로그램의 개발은 급선무라고 말해도 좋을 것이다.

6
배움의 혁신

미래의 노동자는 '계속 배우는 노동자'

제4차 산업혁명으로 사회도 교육도 급격한 변화를 이루고 있다. 그 한창인 때에 코로나19 팬데믹이 온 세상을 덮쳤다. 제4차 산업혁명은 2016년 세계경제포럼에서 전 세계로 확대하여 2035년 무렵까지 전개될 것이라고 했지만, 코로나19로 인해 5년 이른 2030년 무렵까지 가속도를 내서 진전할 것이라 예측되고 있다.

이 큰 변화 속에서 교육은 어떻게 달라지고, 어떠한 배움을 요구하게 될 것인가?

코로나19 팬데믹이 세계를 석권한 이후 세계의 교육학자, 교육정책 결정자들이 '코로나19·포스트 코로나 시대의 교육'에 대해 논의해왔다. 나도 유럽, 미국, 아시아 여러 나라에서 '코로나19·포스트 코로나 시대의 교육'을 주제로 개최한 많은 국제 심포지엄에서 강연을 하고, 심포지엄에 참가(모두 온라인)하여 논의를 거듭해왔다. 그러한 회의에서 공통적으로 논의되어온 것이 '평등하고 공정한 교육(equitable education)'과 '배움의 재혁신(re-innovation of learning)'이라는 두 가지 키워드였다. 이 두 가지 키워드는 전 세계 교육학자 사이에서 공유되고 있다고 해도 좋을 것이다.

제4차 산업혁명은 사회와 노동을 크게 변화시키고 있다. **그림 12**는 OECD가 실시한 '성인 스킬 조사(2018년)'의 결과로, 장래에 어느 정도의 노동이 '자동기계화(AI와 로봇으로 대체)'되는가를 보여주고 있다. 검정색이 높은 확률로 자동기계화하는 노동의 비율, 사선이 유의미한 확률로 자동기계화하는 노동의 비율을 나타낸다. 그래프에 제시된 것처럼 일본은 자동기계화하는 노동의 비율이 높은 나라 중 하나이다. 일본은 제3차 산업혁명을 달성하지 못했기 때문에 제4차 산업혁명에서 다른 나라들보다 노동의 자동기계화가 보다 광범위하게 일어나리라는 것이, 그 요인으로 생각된다.

노동의 AI화와 로봇화는 코로나19로 인해 한층 더 속도를 내고 있다. 세계경제포럼은 2020년 10월에 낸 보고서 '미래의 직업 2020(Future of Jobs 2020)'에서 2020년 현재, 노동의 29%는 이미 자동화되어 있고, 2025년에는 52%의 노동이 AI와 로봇으로 대체되어, 노

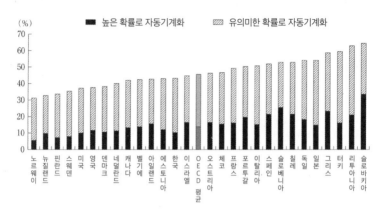

(%)

■ 높은 확률로 자동기계화   ▨ 유의미한 확률로 자동기계화

노르웨이 · 뉴질랜드 · 핀란드 · 스웨덴 · 미국 · 영국 · 덴마크 · 네덜란드 · 캐나다 · 벨기에 · 아일랜드 · 에스토니아 · 한국 · 이스라엘 · OECD 평균 · 오스트리아 · 체코 · 프랑스 · 포르투갈 · 이탈리아 · 스페인 · 슬로베니아 · 칠레 · 독일 · 일본 · 그리스 · 터키 · 리투아니아 · 슬로바키아

그림 12 노동의 자동기계화 비율 나라별 예상
출처 : OECD(2020)

동의 중심이 사람에서 AI와 로봇으로 이행하게 될 것이라고 지적하고 있다. 그리고 2022년까지 2년 동안에 금융업 20.8%, 자동차산업 19.1%, 소매업 16.8%, 정보산업 17.5%, 교육 13.9%, 행정 14.8%, 의료보건 16.0% 등 15개 분야에서 10% 이상의 직업이 AI와 로봇으로 대체될 거라는 예측을 보여주고 있다. 종합하면, 2022년까지 7500만 명이 일자리를 잃고, 1억 3천만 명의 고용이 생겨날 것이라는 예측이다. 이 보고서가 지적하는 바와 같이 제4차 산업혁명은 지금까지의 산업혁명과 마찬가지로 다수의 실업자를 만들어냄과 동시에 새로운 고용도 창출한다. 그러나 1장에서도 말한 것처럼 지금까지의 산업혁명이 육체노동을 기술화한 것과는 달리, 제4차 산업혁명은 정신노동도 기술화한다는 점에서 큰 차이가 난다. 새롭게 창출되는 노동의 대

부분은 현재의 노동보다 지적으로 더 고도화된 노동이다.

이러한 일련의 분석을 통해서 '미래의 직업 2020'은 놀랄 만한 결론도 제시하고 있다. 격변하는 사회에서 직업을 잃지 않기 위해서는 모든 노동자가 2022년까지 2년 동안에 '101일분의 학습'을 할 필요가 있다는 것이다. 불과 2년 안에 '101일분의 학습'을 하는 것이 모든 노동자에게 가능할까? 그 여부는 차치하고 제4차 산업혁명은 노동과 동등하게 학습을 수행하는 '계속 배우는 노동자'를 필요로 하고 있다. 제4차 산업혁명은 앞으로 적어도 15년간은 진행될 것이다. '미래의 직업 2020'에서 제시한 노동의 변화와 학습의 필요성이 한층 강화된다면, 장래의 노동자는 학습을 일의 중심으로 여기는 방식으로 변화할 것이 그려진다.

그러나 일본에서 노동자가 계속 배우는, 평생학습 사회의 건설은 지극히 불충분하다. **그림 13**은 대학 입학자 가운데 25세가 넘는 학생이 차지하는 비율을 제시한 것이다. 다른 여러 나라에서 대학이 평생학습의 교육기관으로 기능하고 있는 데 비해, 일본의 대학에서 25세가 넘는 학생은 불과 2.5%로, OECD 평균인 16.6%를 크게 밑돌고 있다(2017년).

그림 14는 인구 100만 명당 석·박사 학위 취득자의 수, 기업 내 박사 학위 취득자의 수를 보여주는 그래프이다. 일본의 석사 취득자와 박사 학위 취득자는 유럽 여러 나라와 비교하여 현저하게 적으며, 대학원도 평생학습의 기회로 활용되고 있지 않다는 것을 알 수 있다(게

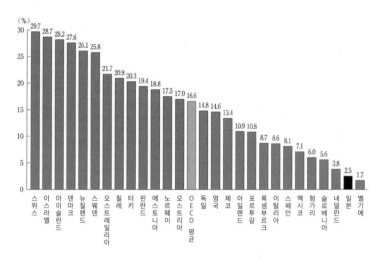

그림 13 고등교육 기관에 진학하는 25세 이상 입학자의 비율(2015년)
출처 : 내각관방 '인생100세시대구상추진실'(2017년 11월)

다가 일본의 경우, 석사 취득자는 공학계에 편중되고, 박사 학위 취득자는 의학계에 편중되어 있다).

제4차 산업혁명에 대응하기 위해서는 우리의 사고방식과 일하는 방식을 근본적으로 바꿀 필요가 있다. 앞으로의 기업은 '학습하는 기업'이며, 앞으로의 노동자는 '계속 배우는 노동자'이고, 앞으로의 대학은 고교 졸업자의 진로인 동시에 '평생학습의 장'이다. 앞으로의 대학원도 연구자 양성의 장일뿐만 아니라, 오히려 사회인이 '고도의 전문성을 배우는 장'이 될 필요가 있다. 그 개혁을 위해서 일본의 대학과 대학원에 재정 지원과 제도 정비가 시급하다.

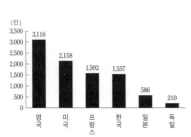

인구 100만 명당 석사 학위 취득자 수(2008년)

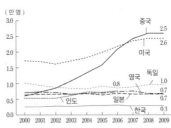

자연과학계 박사 학위 취득자 수의 추이

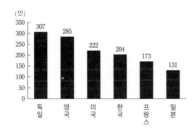

인구 100만 명당 박사 학위 취득자 수(2008년)

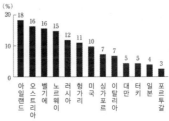

기업의 연구자 중 박사 학위 취득자의 비율(2009년)

그림 14 인구 100만 명당 석·박사 학위 취득자 수와 기업 내 박사 학위 취득자 수
출처 : 문부과학성 '소사이어티 5.0을 향한 인재 육성'(2017년)

새로운 사회에 대한 대응

제4차 산업혁명으로 인해, 현재 12세인 아이가 어른이 되어 취직할 직업의 65%는 지금은 존재하지 않는 일이 될 것이라고 한다. 아직 존재하지 않으니까 그것이 어떤 직업일지는 정확히 모른다. 하지만 그 대부분이 AI나 로봇으로는 대체할 수 없는 일이 될 것이라는 점만은 확실하다. 12세 아이가 대학을 졸업하는 10년 후의 상황을 구체적으로 생각해보자. 슈퍼나 소매점의 점원은 거의 없어지게 될 것이다. 택시나 버스, 트럭 운전수도 15년 후에는 98%가 일을 잃게 될 것이라 예측되고 있다. 이미 대형 은행의 인원 삭감은 시작되었으니, 은행원도 거의 사라질 것이다. 은행의 지점은 남겠지만, 새로운 지점은 이미 지점장 한 명 정도일 것으로 알려져 있다.

공항의 모습도 바뀌어 사람과 짐의 체크인은 이미 무인화하고 있다. 음식점도 앞으로는 AI와 로봇으로 영업을 하게 될 것이다. 의료도 변화한다. 손목시계가 한 명 한 명의 건강을 늘 체크하여 그 데이터에 따라 약도 자동으로 지급한다. 변호사의 일도 그 대부분이 빅데이터 처리에 의한 정보 서비스로 대체될 것이다.

농업도 변화하고 있다. 이미 독일에서는 소를 100마리 이상 사육하고, 그 사료도 직접 만들고, 사료의 줄기나 잎과 소똥으로 발전(發電)을 하고, 우유와 소고기와 전력을 출하하는 중규모 농가(일본에서는 대규모 농가)의 일을 전부 한두 사람이 담당하고 있다. 사료의 농작도, 그

밭의 경작도, 100마리를 넘는 소의 사육도, 건강관리도, 우유를 짜는 일도, 소고기 정육도, 우유와 소고기 출하도 그리고 소똥과 사료의 줄기나 잎으로 하는 발전과 전력의 출하도 거의 AI와 로봇이 하고 있다.

이 새로운 사회에 대응하기 위해서는 어떤 교육과 배움이 필요할 것인가? 그것이 바로 '배움의 혁신'이다.

배움의 혁신

세계와 사회의 미래 시나리오는 불확실하지만, 제4차 산업혁명과 코로나19·포스트 코로나 시대를 살아가는 아이들에게 필요한 배움에 대해서는 세계 교육학자들의 견해가 거의 일치하고 있다. 그것이 곧 '배움의 혁신'이며, 키워드는 '창조성(creativity)', '탐구(inquiry)', '협동(collaboration)' 이 세 가지이다.

'배움의 혁신'은 이미 '21세기형 배움'으로서, 베를린 장벽이 붕괴하고 한순간에 세계화가 진행된 약 30년 전부터 추구해오고 있었다. 이 30년 전부터 해온 '배움의 혁신'과 구별할 필요에 의해 앞으로 요구되는 보다 나은 '배움의 혁신'을 '배움의 재혁신'이라고 표현하는 경우도 있다. '배움의 재혁신'이라 표현하더라도 '창조성', '탐구', '협동'을 추구하는 '배움의 혁신'과 다를 리는 없다. 보다 나은 '혁신'에 의한 질 높은 배움의 창조가 요구되는 것뿐이다. 다음은 '배움의

(재)혁신'에서 '창조성', '탐구', '협동' 각각의 의의를 고찰해보겠다.

'창조성'이라는 말은 교육 분야에서 빈번하게 사용되지만, 이 말은 성가신 개념이다. '창조성'은 교육의 궁극적인 목적이라고 말해도 좋겠지만, '창조성'이란 어떤 능력인가, 어떻게 하면 기를 수 있을까를 명확히 하는 것이 매우 어렵기 때문이다. 원래 '창조성'을 정의하는 것 자체가 곤란한 일이다. 따라서 '창조성 교육'은 항상 혼란을 불러일으킨다. 그러나 알고 있는 것은 있다. '창조성'은 예술적 창조와 비판적 사고(다른 관점에 의한 사고)에 의해 길러지는 상상력(imagination)이 기초에 있다는 것이다. 그리고 이 상상력은 AI가 아무리 발달해도 인간에게 고유한 능력으로 계속 남아 있을 것이다.

'창조성'의 배움과는 달리 '탐구'와 '협동'의 배움에 대한 연구와 실천은 많이 진행되어 있다. 사고(思考)는 혼자서도 달성할 수 있지만, '탐구'는 다양한 시점에 의한 사고(비판적 사고)의 종합에 의한 것이므로, 연구자처럼 특수한 훈련을 받은 사람이 아닌 한 혼자서는 수행할 수 없다. 즉, '탐구'는 '협동'을 필요로 하고 있고, 학교에서 '탐구'를 동반하지 않는 '협동'은 무의미하다. 따라서 '탐구'의 배움과 '협동'의 배움은 '일체의 것'으로 받아들일 수 있다.

'21세기형 배움'에서 '탐구'와 '협동'은 중심 개념이다. 예전의 일제식 수업 양식(학생 전원이 한 명 한 명 떨어져 앉은 채 일제히 칠판을 향하고, 교사가 중심이 되어 같은 내용을 같은 속도로 가르치는 방식)은 어느 나라에서나 약 140년 전에 성립한 것이다. 국민국가의 건설(국민의 형성)과 산업주의 사회의 발전(단순 노동자의 효율적 육성)이라는 두 가지 요청이, 이 일제식 수업의 기반이었다. 일제식 수업은 단순 노동자(농민과 공장 노동자)를 값싸게 효율적으로 교육하는 시스템이었다. 그러나 베를린 장벽이 붕괴한 1989년 이후 국민국가 시대가 끝나고, 세계화가 진행되고, 산업주의 사회에서 포스트 산업주의 사회(지식 기반 사회)로 이행함에 따라 일제식 수업 양식은 존립 기반을 잃고 붕괴하고, '21세기형 배움'이라 불리는 '탐구'와 '협동'의 배움으로 이행했다.

일본의 수업과 배움의 개혁은 다른 여러 나라와 비교하여 20년 정도 늦지만, 최근에는 액티브 러닝으로 전개해오고 있다. PISA 2003 조사 결과는 당시 일본의 배움의 상황을 잘 보여준다. 2003년 시점에서 일본 교실의 배움은, '탐구적 배움'에서는 조사 대상 40개국 중 최하위, '협동적 배움'에서는 39위(최하위는 한국)였다. 일본에서 '배움의 혁신'은 세계에서 가장 늦은 것이다.

그러나 그 후 상황은 크게 변하였다. PISA 2015의 '협동적인 문제해결(collaborative problem solving)' 조사 결과에서 일본은 일약 톱으로 뛰어올랐다. 이 약진을 추진해온 것이 액티브 러닝이다.

코로나19로 인해 많은 제약을 받으면서도 학교 현장에서는 '탐구'와 '협동'에 의한 '배움의 혁신'이 진전하고 있다. **그림 15**는 내가 추진하고 있는 '배움의 공동체 학교개혁'을 실천하고 있는 학교의 교실 풍경이다. 현재 전국의 약 3000개 초·중·고등학교가 '배움의 공동체 학교개혁' 네트워크에 참가하고 있는데, 어느 학교에서나 '배움의 혁신'은 발전하고 있다. 이 '배움의 혁신'에 '배움(탐구와 협동)의 도구'로서 컴퓨터를 활용한 ICT 교육을 접목한다면 '배움의 재혁신'을 수행하는 일이 될 것이다.

그러나 그러기 위해서는 교사와 아이들에 대한 많은 지원이 필요하다. 특히 필요한 것은 교사 연수에 대한 지원이다. 세계경제포럼의 '미래의 직업 2020'은 2022년까지 모든 노동자가 '101일분의 학습'을 하는 것이 필요하다고 보고하고 있다. 교사의 일은 지적이고 문화적인 노동이므로 보통의 노동자 이상으로 학습 시간이 필요하다. 사회와 산업의 격동기에는 더욱 그렇다.

그림 15 '배움의 공동체'에서의 교실 풍경(그림 : 나가이 가쓰히코)

그러나 현실은 역행하고 있다. 문부성의 1966년 조사와 2006년 조사를 비교하면, 노동시간은 잔업 시간으로 인해 월 26시간이나 증가했지만, 연수 시간은 3분의 1로 격감했다. 교내 연수로 한정하면 1966년부터 2006년 사이에 초등학교, 중학교 모두 5분의 1시간으로 감소했다. 이 경향은 현재 '일하는 방식의 개혁'으로 추진하고 있는 변형 노동시간제의 도입과, 코로나19 대응으로 정신없는 상황에서 조장되는 느낌이 있다. 앞으로 막대한 예산이 투입될 GIGA 스쿨에 대한 대응으로서 교사 연수는 ICT 교육으로 특화될 위험도 있다. 제4차 산업혁명과 코로나19·포스트 코로나 시대에 요구되는 교사 연수는 ICT 교육에 있는 것이 아니라, '배움의 재혁신'에 있다는 사실을 명심해야 할 것이다.

7
개혁의 전망

미래 학교의 비전

세계경제포럼은 2020년 1월, '미래 학교−제4차 산업혁명을 위한 새로운 교육 모델을 정의한다'를 발표했다. 이 보고서는 제4차 산업혁명으로 생겨난 새로운 산업과 사회에 대응할 초등학교 교육과 중학교 교육의 중요성을 지적하고, '미래 학교'의 비전을 제시하고 있다.

이 보고서에서는 제4차 산업혁명에 대응하는 '배움의 혁신'으로서 다음 여덟 가지 중점 과제를 제시하고 있다.

① 글로벌 시민성 스킬(세계와 그 지속성에 대한 관심, 글로벌 공동체에 대한

적극적 참가)

② 혁신과 창조성 스킬

③ 테크놀로지 스킬

④ 대인 관계 스킬(정서적 관계, 공감, 협력과 교섭, 지도력)

⑤ 개인화된 자기 속도의 학습

⑥ 접근성에 의한 포괄적 학습(학교 내에서만 그치지 않는 학습)

⑦ 문제해결 중심의 협동 학습

⑧ 평생에 걸친 주체적인 학습

보고서는 이 여덟 가지 중점 과제는 서로 연관되어 있으며, 종합적으로 추구하는 것이 필요하다고 말하고 있다.

'미래 학교'에서 특히 중시되고 있는 것이 '배움의 질'이다. 보고서는 '배움의 질'의 정의에 대해서는 논쟁적이라 하여 명확한 언급을 피하고 있다. 하지만 앞의 여덟 가지 중점 과제의 '학습내용'과 '학습경험'을 상술하는 것으로, 요구되는 '배움의 질'을 제시하고 있다.

제4차 산업혁명에 대응하는 '배움의 혁신'이 앞서 기술한 여덟 가지 중점 과제에 있다는 데 다른 의견은 없을 것이다. 경제산업성의 '미래 교실'에서는 '개별 최적화'와 'STEAM 교육' 두 가지로 내용도 부족했지만, 세계경제포럼의 '미래 학교'는 보다 포괄적인 내용을 명쾌하고도 구체적으로 제시하고 있다.

문제는 이 여덟 가지 중점 과제에 따른 '배움의 혁신'을 어떻게 실현할 것인가에 있다. 유감스럽게도 '미래 학교'는 여덟 가지 중점 과제의 '학습내용'과 '학습경험'을 제시하고 있을 뿐, 그러한 것을 실현할 방책도 정책도 실천 지침도 제시하고 있지 않다. 모든 것은 교육정책 결정자, 교육행정 관계자, 교사들에게 맡겨져 있다.

단, 보고서는 서두에서 '미지의 일에 대비하는 배움'을 실현하기 위해서는 '수동적인 학습(passive learning)'에서 '상호작용하는 학습(interactive learning)'으로 전환하는 것이 중요하다고 말하며, 그 달성도를 4단계로 색을 달리해 분류한 세계지도를 제시하고 있다. 그것을 보면 미국, 캐나다, 영국, 독일, 북유럽 여러 나라, 오스트레일리아, 중국, 홍콩, 싱가포르, 사우디아라비아가 '배움의 혁신'을 더 잘 달성하고 있는 나라로 되어 있으며, 러시아, 프랑스, 스페인, 이탈리아, 일본, 한국, 인도, 인도네시아 등이 그 뒤를 잇는 나라로, 중남미 여러 나라와 아프리카 나라들은 혁신이 늦은 나라인 것으로 되어 있다. 이 평가의 옳고 그름은 어찌 되었든 '배움의 혁신'의 달성도가 GDP 규모와 거의 일치하고 있는 것은 확실하다.

보고서가 지적하고 있는 것처럼, 제4차 산업혁명에 대한 대응이 가장 요구되는 지역에서 '배움의 혁신'이 미달성이라는 것은 심각한 문제이다. 애당초 제4차 산업혁명은 급속하게 진행되고 있는 데 비해서, 코로나19 팬데믹으로 교육혁신은 정체되고, 사회가 불완전하게 기능하는 상태에서 붕괴를 향해 나아가고 있는 것이 현실이다.

그리고 국제 NGO 옥스팜은 2020년 4월, 코로나19 팬데믹으로 하루에 1.9달러 이하로 생활하는 빈곤층이 4억 명 이상 늘어서 9억 명을 넘어섰고, 하루에 5.50달러 이하로 살아가는 사람은 5억 명이 늘어서 40억 명 가까이(인류의 절반 이상) 되고 있다고 경고했다. 반면에 옥스팜은 2020년 12월, 코로나19 상황인 1년 동안에 세계 부호 단 10명이 세계의 모든 사람들에게 백신을 제공할 수 있을 금액만큼 자산을 늘렸고, 한편 빈곤층은 원래의 자산을 회복하는 데 10년 이상이 걸릴 정도로 빈부격차가 확대한 것도 보고하고 있다.

코로나19로 인한 빈부격차의 확대는 리먼 쇼크 때와는 그 모습을 달리하고 있다. 리먼 쇼크 때는 일본에서 자산이 5000만 엔 이상인 사람은 자산의 3분의 1을 잃었지만, 자산이 적은 사람의 손실은 그렇게 크지 않았다. 리먼 쇼크는 금융경제의 파탄이 실물경제의 경기 후퇴로 파급한 데 비해서, 이번의 코로나19로 인한 경제 위기에서는 주식시장은 의외일 정도로 호조이고, 실물경제가 결정적인 타격을 받고 있다. 투자경제와 실물경제의 유리가 극심한 만큼, 빈부격차의 확대는 한층 더 진행될 것이다.

세계은행의 보고는 2021년에 세계경제는 GDP 성장률 4.0%(코로나19 이전의 예측은 4.2%)로 회복될 것이라 내다보고 있다. 미국의 2021년 GDP 성장률은 3.5%, 중국은 7.9%이다. 이미 IT 기술과 연구 논문 수에서 중국은 미국을 제치고 세계 1위로 약진하고 있으며, 10년 이내에 GDP에서도 미국을 앞질러 세계 제일의 경제 대국이 되리라는 것은 확실시되고 있다. 그리고 10년 이내에 인도가 GDP에서 미국을 따라잡아 세계 제2위의 경제 대국이 되어, 세계경제는 중국과 인도를 중심으로 전개될 것이다. 이렇게 제4차 산업혁명과 코로나19는 경제의 세계지도를 크게 다시 색칠하고 있다.

세계은행의 예측에서 심각한 것은 일본이다. 일본의 2021년 GDP 성장률은 2.5%이며, 그 낮은 상태가 5년 정도 계속될 것이라는 예측이 나오고 있다. 세계 최악이라고 말해도 좋을 것이다.

이미 알려진 바와 같이 일본의 재정 적자는 세계에서 가장 많은 액수이다. 후쿠시마 원자력 발전소 사고에 따른 경제적 손실은 앞으로도 계속 이어질 것이며, 방대한 부담이 되어 다음 세대를 짓누를 것이다. 제3차 산업혁명에 실패했기 때문에 산업구조의 개혁은 눈에 띄게 더디고, 미래에 대한 투자로서 교육에 대한 공적 지출을 게을리해 왔기 때문에 과학 연구와 학술 연구는 정체하고, 대학 진학률도 30년 전에는 세계 2위였는데 현재는 46위까지 떨어져 있다(2020년). 이 30년간 정부의 외교, 경제, 사회, 문화, 교육정책의 실패가 일본 경제와 사회와 문화와 교육의 전락을 불러오고, 계속 굴러떨어지는 가운데 개미지옥에서 탈출할 길이 보이지 않는 상황이다. 거기에 코로나19 팬데믹이 일어나, 제3차 산업혁명(디지털 혁명)을 달성하지 못한 상태에서 제4차 산업혁명이 급속하게 진행되고 있다.

이제 국가와 자본에 의존하여 일과 삶과 문화와 교육의 장래를 전망하는 사고는 멀리 던져버리는 것이 좋을지도 모른다. 자기 스스로 지역을 중심으로 경제와 사회와 문화를 창조하고, 학교를 중심으로 아이들의 미래와 지역사회의 미래를 창출하는, 그 발상에 서서 개혁의 전망을 갈고 닦아나가야 할 것이다.

제4차 산업혁명과 코로나19 팬데믹에 의해 신자유주의로 연명해 온 자본주의가 크게 변모하고 있음에도 유의할 필요가 있다.

제1차 산업혁명도 제2차 산업혁명도 제3차 산업혁명도 기술혁신으로 자본주의를 비약적으로 발전시켜왔다. 제4차 산업혁명은 지금까지와 마찬가지로 자본주의의 비약적 발전을 이끌어낼 수 있을까? 여기에 큰 문제가 가로놓여 있다. 소박하게 생각해도 불과 1%의 사람이 82%의 사람들과 동등한 부를 독점하는 자본주의가, 앞으로도 연명 또는 지속될 거라고는 누구도 생각하지 않을 것이다. 자연환경의 파괴가 '지구의 한계'를 넘어서기 직전인 상황에서, 자본주의가 그대로 발전할 것이라고도 누구도 생각하지 않는다.

제4차 산업혁명에는 지금까지의 산업혁명과 다른 점이 있다. 지금까지의 산업혁명은 새로운 기술에 의해 생산성을 한순간에 높임과 동시에 상품의 가치와 이윤을 높여서 자본주의를 발전시켜왔다. 그러나 제4차 산업혁명은 상품의 가격을 극단적으로 낮추어버린다. 사례 하나를 소개해보겠다. 2019년 캘리포니아 주의 한 건축 회사가 단독주택을 파격적인 가격으로 판매하기 시작했다. 얼마나 하면 4000달러(42만 엔)이다. 반년 후에는 보다 화려한 형태로 개선하여, 가격은 2500달러(27만 엔)가 되었다. 파격적인 저가의 비밀은 이 주택이 사람의 노동을 매개하지 않고 3D 프린터로 건축되었다는 점에 있다. 건축 재료는 옥수수 줄기와 잎으로, 원재료비는 약 10만 엔이다. 이 사례가 보여주는 것과 같이 제4차 산업혁명은 상품을 끝도 없이 저가로 만든다. 그 현상은 이미 일어나고 있다. 텔레비전과 컴퓨터 등 전기 제품을 비롯하여 모든 상품의 가격을 낮추고 있다. 지금 고액으로 팔리고 있는 것은 아이폰 등 독점기업이 제공하는 상품뿐이다.

자본주의는 자본의 자기증식 운동이기 때문에 상품 가격의 하락은 자본주의를 붕괴시키는 위기를 불러온다. 자본주의가 붕괴하면 폭력과 전쟁과 경쟁이 지배하는 야만 사회가 부활하고 만다. 그렇게 되기 전에 자본주의를 정상화하고, 자본주의의 기능을 정직한 모습으로 회복할 필요가 있다.

이 시대에 교육의 공공성을 옹호하기 위해서는 어떤 방책을 생각할 수 있을까? 신자유주의의 시장 만능주의로 인해 세계 각국의 공교육은 절박한 위기 상황에 처해 있다. 그리고 그 위기는 제4차 산업혁명과 연동한 ICT 교육과 교육시장의 거대화에 의해 증폭하고 있다. 어느 나라나 채무국이 되어 공교육은 재정 부담이 되고, 국가 재정만으로 공교육을 유지하는 것이 곤란해졌다. 그런 한편으로, 교육에 대한 요구는 매년 높아져서 공교육의 틀 밖에서 교육시장은 계속 팽창하고 있다. 그 결과 시민사회 유지와 민주화에 필요한 공교육과, 교육시장에서 교육 서비스를 상품화하여 이윤을 추구하는 교육산업과의 사이에 경계가 무너지고, 급기야 양자 사이의 경계가 없어지는 상황이 되고 있다. 이제 공교육은 교육시장과의 관계를 배제하고 유지하는 것은 불가능한 상황이다. 이 상황에서 교육의 공공성은 어떻게 짊어지고 유지해가면 좋을까?

이 새로운 단계에서 교육의 공공성을 옹호하기 위해서는, 공공성의 철학과 민주주의의 철학에 기초하여 학교를 공동체와 시장의 분야에서 유지하고 발전시키는 시스템을 창출할 필요가 있다. 구체적으로는 시도 교육위원회와 학교가 자율성을 확립하여 지역공동체의 문화와 교육 분야로서의 학교를 재정립하고, 교육위원회와 학교의 자율성에 따라 교육시장에 대해 민주주의적인 통제를 할 필요가 있다. 교육시장을 기반으로 한 교육기업과 IT 기업의 공교육에 대한 일방적인 참가와 영리사업을 허용할 것이 아니라, 교육위원회와 학교의 자율성에 따라 교육기업과 IT 기업과 함께 연대하는, 교육의 공공권을 창출하는 것이 요구된다. 그 새로운 실험을 각 지역, 각 학교에서 시작할 필요가 있다.

코로나19로 인해 '국가와 자본 중심'이 아니라 '생명과 인권 중심'의 사회를 요구하는 사람들은 새로운 사회를 모색하기 시작했다. 그 '새로운 사회'를 나는 '서로 나누고, 서로 돌보고, 서로 배우는 공동체(sharing, caring and learning community)'라 부르고 있다. 자원과 자본을 나누고, 한 명도 혼자되지 않게 서로 돌보고, 다양한 문제를 해결하며, 미래의 희망을 만들어가기 위해 서로 배우는 사회이다. 이 '새로운 사회'의 건설 없이는 자본과 기술의 폭주를 막지 못할 것이며, 인류의 미래도 없다고 생각한다. 그렇다면 우리가 찾는 '배움의 재혁신’도 이 ‘새로운 사회’의 건설을 맡아서 추진할 아이들을 키우는 데 있다고 말해도 좋을 것이다. 거기에 교육의 희망을 걸고 싶다.

이 소책자를 구상한 것은 2016년 세계경제포럼에서 '제4차 산업혁명'의 개념이 제시되고, 이 말이 사람들의 관심을 불러일으키기 시작할 무렵이었다. 그때부터 제4차 산업혁명에 의해 재편되는 IT 산업과 교육산업, 공교육의 관계에 대해서 일반인도 이해하기 쉽게 책을 써야겠다고 생각하고 준비에 들어갔다. 집필할 결심을 굳힌 것은 2017년에 뉴욕, 그다음 해에 멕시코시티를 방문했을 때였다.

뉴욕 시의 학교에서는 주, 시, 교육기업, IT 기업에 의한 학력 테스트가 연간 13회나 이루어지고 있었다. 그리고 빈곤 지역의 저학력 학교는 차터 스쿨(공적 비용을 통해 교육기업이 관리하는 사립학교)로 경영이 위양되어, 이들 학교에서는 ICT를 도입하는 반면에 교사를 해고하는 개혁을 진행하고 있었다.

토요일과 일요일, 공원에서는 공립학교의 위기를 호소하는 교사들의 데모와 집회가 빈번히 이루어지고, 데모에 참가한 초등학교 아이들은 'I am not a test score. I am Catherine (Robert, etc.)' 이라는 현수막을 들고 있었다. 이 현수막에 쓰여 있는 말에 현대의 교육이 처한 위기의 본질이 있다고 직관했다. 자본과 테크놀로지의 폭주는 아이들의 인간으로서의 존엄성을 파괴하고 있었던 것이다.

다음 해에 방문한 멕시코시티에서는 ICT 기술로 해고 위기에 직면한 교사 수천 명이 중앙 광장에 텐트를 치고, 수개월에 걸쳐서 데모를 전개하고 있었다. 제4차 산업혁명에 의해 공교육은 붕괴의 위기에 직면하고 있었던 것이다.

일본에서도 2018년 이후 경제산업성은 제4차 산업혁명을 '소사이어티 5.0' 이라 이름 짓고 IT 기업과 교육산업을, 공교육을 포함하는 교육시장에 참가시켜왔다. '〈미래 교실〉과 EdTech연구회'가 ICT 교육을 추진하고, 문부과학성도 'GIGA 스쿨 구상' 으로 계획에 참여하고 있다. 이러한 움직임에 따라 이 소책자 집필의 중요성을 다시 한번 인식하였다.

그러나 집필은 몇 번이나 지연되기를 반복했다. 그 이유 가운데 하나는 제4차 산업혁명의 ICT 교육에서 '빅 비즈니스' 의 세계적인 실태를 조사하는 데 많은 시간과 노력을 필요로 했기 때문이다. 이 주제에 관한 조사와 연구는 놀라울 정도로 적어서, 존경하는 친구인 런던

대학의 스티븐 볼의 연구가 가장 확실한 지침이 되었다.

다음으로 난항을 겪은 것은 보다 근본적인 문제였다. 제4차 산업혁명이 가져올 자본주의의 변모와 그 교육의 결과를 전망하는 일이었기 때문이다. 소책자에서는 다루기 힘든 큰 문제이지만, 그 이해를 분명하게 하지 않으면 이 책의 주제를 논하는 것은 불가능했다.

가까스로 책의 집필을 시작하여 삼분의 일 정도를 완성했을 때, 이번에는 코로나19 팬데믹이 일어났다. 이로 인해 ICT 교육이 대학과 학교에 순식간에 침투하여, 'GIGA 스쿨 구상'도 2020년도 안에 달성하도록 앞당겨졌다. 코로나19는 제4차 산업혁명을 가속화하고, 각국의 산업, 경제, 사회, 문화, 교육을 크게 변화시키고 있다. 코로나19 감염 확대로 인해 원고를 대폭 수정해야 했지만, 이로 인해 '제4차 산업혁명과 교육의 미래'라는 제목의 중요성이 한층 명확해졌다고 생각한다.

이 책에서 다루지 못한 논제가 몇 가지 있다. 하나는 제4차 산업혁명과 IT 교육이 가장 많이 침투하고 있는 대학 교육에 대해서 거론하지 못한 것이다. 대학 교육까지 다루면 또 한 권의 분량이 될 것이기 때문이다. 그러나 대학은 지금 격동하는 사회 속에서 기업체로 변모하고 있다. 세계의 대학이 '학문의 중심'이라기보다 '지식 자본주의의 기업체'로 변화하고 있다. 이 흐름에 맞서서 대학이 대학답게 '학문 공동체'를 복권하는 일은 아주 중요한 과제가 되고 있다.

또 하나는 ICT 교육을 실천하고 있는 양질의 사례들을 소개하는 일이다. 나는 교육에서 컴퓨터는 연필이나 지우개처럼 문방구의 하나가 되는 것이 가장 좋은 사용법이라고 생각한다. 코로나19가 머지않아 감기의 하나가 되는 것이 가장 좋은 마지막 형태인 것처럼, ICT 교육에서 컴퓨터도 문방구의 하나가 되는 것이 가장 좋은 마지막 형태라고 말해야 할 것이다. 그러한 양질의 구체적 실천 사례를 풍부하게 소개하는 것도 이 책에서는 하지 못했다. 이것도 별도의 기회에 도전해보고자 한다.

이 북렛은 소책자이지만 다루고 있는 주제는 어마어마하게 커서, 앞으로의 사회와 교육의 앞날을 근본적으로 결정짓는 중요한 논제가 될 것이다. 이 책을 계기로 많은 분들이 세계적인 제4차 산업혁명 아래에서 진전하는 코로나19·포스트 코로나 시대의 ICT 교육과 학교의 미래에 대해서, 깊은 관심을 기울이고 논의해주시기를 바란다.

2021년 1월 15일
사토 마나부

참고문헌

* Ball, Stephen, *Education plc,* Routledge, 2007.

* Ball, Stephen, *Global Education Inc,* Routledge, 2012.

* Ball, Stephen, Junemann, Carolina and Others, *Edu. net,* Routledge, 2017.

* Ball, Stephen, Global Education and Neo−liberalism, or what makes Sarah happy, 2019.

* 게리 베커 지음, 사노 요코 옮김, 〈인적자본−교육을 중심으로 한 이론적·경험적 분석〉, 동양경제신보사, 1976년.

* 게리 베커·기티 베커 지음, 구라타니 마사토시·오카다 시게유키 옮김, 〈베커 교수의 경제학에서는 이렇게 생각한다−교육·결혼에서 세금·통화 문제까지〉, 동양경제신보사, 1998년.

* Bill & Melinda Gates Foundation, All Lives Have Equal Value, https://www.gatesfoundation.org.

* Darling−Hamond, Linda, Schachner, Abby, and Edgerton, Adam eds., *Restarting and Reinventing School: Learning in the Time of COVID and Beyond,* Policy Institute, (forthcoming).

* Docebo, Global E−Learning Market infographic, https://www.docebo.com.

* Galloway, Scott, *The Four: The Hidden DNA of Amazon, Apple, Facebook and Google,* Portfolio, 2017.

* 유발 하라리 지음, 시바타 야스시 옮김, 〈호모 데우스−테크놀로지와 사피엔스의 미래(상·하)〉, 가와데쇼보신샤, 2018년.

* 제임스 베크먼 지음, 오타케 후미오·후루쿠사 히테코 옮김, 〈유아교육의 경제학〉, 동양경제신보사, 2015년.

* Holon IQ, Global Education in 10 Charts, 2019, https://holoniq.com.

* 경제산업성, 〈'미래 교실' 과 EdTech연구회·제1차 제언〉, 2018년 6월.

* 경제산업성, 〈경제산업성의 소사이어티 5.0 실현 방안〉, 2018년 9월.

* 경제산업성, 〈'미래 교실' 과 EdTech연구회·제2차 제언 '미래 교실' 비전〉, 2019년 6월.

* 경제산업성, 〈코로나19 감염병에 의한 학교 휴교 대책─배움을 멈추지 않는 미래 교실〉, 2020년 3월.

* 경제산업성, 〈경제산업성 '미래 교실' 프로젝트─교육혁신 정책의 현재 지점〉, 2020년 9월.

* Markets and Markets, IoT in Education Market by Component (Hardware, Solutions & Services), End User (Academic Institutions & Corporates), Application (Learning Management, Classroom Management, Administration Management & Surveillance, and Region─Global Forecast to 2023), https://www.marketsandmarkets.com.

* Markets and Markets, MOOC Market by Component.

* 미쓰이물산전략연구소, 〈세계의 교육산업의 전모〉, 2013년 11월.

* 문부과학성, 〈소사이어티 5.0을 향한 인재 육성─사회가 변하다, 배움이 변하다〉, 2017년 6월.

* 문부과학성, 〈GIGA 스쿨 구상에 대하여〉, 2018년 7월.

* 내각부·인생100세시대구상회의, 〈인재 만들기 혁명 기본 구상〉, 2018년 6월.

* National Academy of Education, Big Data in Education, 2017.

* OECD. PISA, *Students, Computers and Learning: Making the Connection,* 2015.

* OECD, *Skills Matter: Additional Results from the Survey of Adult Skills,* 2020.

* Pearson, The World's Learning Company, https://www.pearson.com.

* Prescient & Strategic Intelligence, Global Smart Teaching and Learning Market Size, Share, Development, Growth and Demand Forecast to 2022—Industry Insights by Product, https://www.psmarketresearch.com/market—analysis/smart—teaching—and—learning—market.

* 사토 마나부, '컴퓨터와 교육' /〈교육방법학〉, 이와나미쇼텐, 1995년.

* 클라우스 슈바프 지음, 세계경제포럼 옮김,〈제4차 산업혁명—다보스 회의가 예측하는 미래〉, 일본경제신문출판, 2016년.

* 클라우스 슈바프 지음, 오가와 도시코 옮김,〈제4차 산업혁명을 이겨내다—다보스 회의가 예측하는 혼란과 기회〉, 일본경제신문사, 2019년.

* 세계 교육시장 리포트,〈온라인 교육의 세계시장 예측〉, 2019년 12월.

* Statista, Who spends the most on their child's education?, https://www.Statista.com.

* UNESCO, COVID—19, Response, 2020.

* UNESCO, *COVID—19 and Higher Education: Today and Tomorrow,* October 2020.

* United Nations, *Policy Brief: Education during COVID—19 and beyond,* August 2020.

* World Economic Forum, *Schools of the Future: Defining New Models of Education for the Fourth Industrial Revolution,* 2020.

* World Economic Forum, *The Future of Jobs Report 2020,* 2020.